Sophia Benedict

FAHNENFLÜCHTIG IN WIEN

Bühnenspiel

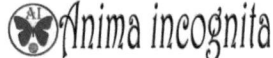 Anima incognita

Bibliografische Information der Deutschen Nationalbibliothek:
Die Deutsche Nationalbibliothek verzeichnet diese Publikation in der
Deutschen Nationalbibliografie.
Detaillierte bibliografische Daten sind im Internet unter www.dnb.de
abrufbar.

© 2017 Diana Wiedra
Aus dem Russischen: Diana Wiedra
Lektorat: H.M. Magdalena Tschurlovits
Covergestaltung: Diana Wiedra

Herstellung und Verlag:
BoD – Books on Demand, Norderstedt, Deutschland
ISBN: 9783746065229

Personen der Handlung

Ivan, Russe
Ahmed, Tschetschene
Kadyr, Tschetschene
Mikola, Ukrainer
Dimitrij, Weißrusse
Farchad, Afghane
Sevar, Afghane
Jana, Moldawien
Mila, Russin
Lyudmila, Ukrainerin
alle unter 25 Jahre

Salima, Tschetschenin
Vazha, Georgier
Liya, Tschetschenin
Anusch, Armenierin

Schagane, Armenierin
alle unter 40 Jahre

Horsched, Iraner
Bacha, Tschetschene
Omid, Iraner
etwa 40 Jahre

Geigenspieler
über 60 Jahre

Katrin, Sozialarbeiterin
Günter, Leiter d. Flüchtlingsheims

**Gefängniswärter, Polizisten
Burschen und Mädchen im Dorf,
Tschetschenische Kämpfer und russische Soldaten
Flüchtlinge im Heim, Ein kleines Mädchen
Passanten**

AKT I

*In einer Zelle mit sechs zweistöckigen Betten im
Schubhaftgefängnis in Wien befinden sich zwölf Männer : zwei
Afghanen – Sevar und Farchad, ein Ukrainer – Mykola, ein
Weißrusse – Dmitrij, ein Georgier – Vazha, ein Russe – Ivan, drei
Tschetschenen – Achmed, Kadyr und Bacha und zwei Iranern –
Horsched und Omid. Diese beiden und Bacha sind gegen vierzig
Jahre alt, alle anderen sind junge Burschen rund um die zwanzig.
Manche liegen, andere sitzen beim Tisch.*
*Die Afghanen Farchad und Sevar – beide, wie übrigens viele
Afghanen, sehen sehr gut aus, sitzen auf dem Boden mit dem
Rücken zur Heizung.*
Mikola spielt Gitarre.

Farchad:
„Vielleicht kennst Du auch unsere Lieder?"
Mikola:
„Eure Lieder? Nein. Wo hast Du Russisch gelernt?"
Farchad:
„Ich habe ein Jahr lang in Russland gelebt. Ich kenne auch
andere Sprachen."
Mikola:
„Sing vor, ich probiere, die Musik zu finden."

*Farchad beginnt leise zu singen. Sevar singt ihm nach, zuerst nur
die Melodie, dann auch mit Worten. Das Lied klingt traurig und
ziemlich monoton. Sie singen immer lauter, es kommen dann auch
heiterere Töne. Mikola findet die passende Begleitung sehr schnell.
Man hört, dass er ein seht guter Musiker ist.*
*Das Lied ist sehr lang. Schließlich hält das einer der
Tschetschenen nicht mehr aus.*

Kadyr:

„Haltet die Klappe! Ihr beide!"

Die Burschen hören auf zu singen.
Nach einer langen, stillen Pause steht Farchad langsam auf und macht einen Schritt auf Kadyr zu:
Farchad:
„Was hast Du gesagt?"
Kadyr:
„Ich hab gesagt, haltet endlich eure verdammten Klappen! Euer Geheul steht mir schon hier!"

Kadyr zieht mit der Handkante über seinen Hals und steht auf. Die beiden stellen sich in aggressiver Körperhaltung auf und schauen einander direkt in die Augen.

Ahmed:
„Lass das, Kabyr!"

Im gleichen Moment greifen Farchad und Kadyr einander an. Der Afghane versucht den Tschetschenen in den Clinch zu nehmen, man sieht, dass er stärker ist und auch besser trainiert.
Alle, außer Horsched und Omid stehen auf und schauen schweigend auf die Beiden.
Sevar und Achmed sind bereit, ihren Kameraden zu Hilfe zu kommen. Jetzt stehen auch die Iraner langsam auf. Sie sind älter, als alle anderen hier, nur sie beide tragen Bärte.
Furchtlos stellen sich diese beiden zwischen Farchad und Kadyr. Omid sagt etwas in seiner Sprache mit leiser, aber sehr harter Stimme. Es klingt so, als ob ein strenger Lehrer einem Schüler die Leviten liest. Farchad und Kadyr verstehen die Worte zwar nicht, aber sie verstehen sehr gut, worum es geht. Ungern beugen sie sich der Autorität der Älteren.
Sie schauen zur Seite, wie ein bestrafter Hund. Immer noch sind sie sehr wütend, aber etwas hindert sie, gegen Befehl der Älteren zu handeln.

Ahmed *(ganz leise)*:

„Kadyr, lass das. Lass sie singen. Das stört ja niemanden.

Dmitrij:
„Gefällt dir denn das Lied nicht?"

Kadyr:
„Das Lied geht mich nichts an. Ich will einfach nicht, dass sie singen!"

Dmitrij (*setzt sich neben Mikola*):
„Hör' zu! Weißt du zufällig, warum Afghanen mit Tschetschenen verfeindet sind?"

Mikola:
„Verzeih, Dim", sagt er, „mir ist das scheißegal! Ich bin Musiker! Ich liebe alle, die Musik lieben!"

Dmitrij: „Warum bist du dann nach Österreich gekommen?"

Mikola (*mit einer unzufriedenen Grimasse auf dem Gesicht, greift in die Saiten*):
„Warum, warum..."

Dmitrij:
„Na, ich zum Beispiel wegen dem Lukashenko. Und Du? Hast du auch Probleme?"

Mikola:
„Verzeih', ich scheiß' auf die Politik! Auch auf diesen Tschetschenen und den Afghanen. Ich hab' doch gesagt, ich bin Musiker! Mich interessiert nur die Musik!"

Mikola spielt auf der Gitarre eine elegante Passage, so, als ob er damit sagen wolle, dass das Gespräch zu Ende ist.

Rückblende.
Kärntnerstraße. Die Fußgängerzone. Es ist Abend, aber die Geschäfte sind noch geöffnet. Festlich angezogene Menschen flanieren über die Straßen. Bei Anbruch der Dämmerung sammeln die Straßenmaler ihre Habseligkeiten zusammen und die Musiker nehmen ihre Plätze ein.
Aus verschiedenen Richtungen wehen schwach verschiedene Melodien herüber.

Mikola findet einen passenden Platz. Er schließt seinen tragbaren
Verstärker an die Gitarre an. Das geöffnete Futteral der Gitarre
bleibt auf dem Boden liegen. Er beginnt die Gitarre zu stimmen.
Ein Mann mit einer Geige kommt auf ihn zu.

Geigenspieler (mit ukrainisch-jüdischer Aussprache):
„Du wieder hier … !"
Mikola:
„Ja, was soll ich sonst tun!"
Geigenspieler
„Du und ich kommen aus demselben Land. Ich sehe, dass
auch dich das Heimweh plagt.
Mikola:
„Was ist das, dieses Heimweh? Geht es Dir schlecht in
Wien? Du hast doch schon längst die Staatsbürgerschaft…"

Geigenspieler:
„Habe ich. Warum? Es geht mir gut. Ich bin froh in Wien zu
sein."
Mikola:
„Übertreib nicht! Ginge es dir gut, würdest du abends nicht
auf der Straße spielen."
Geigenspieler:
„Früher dachte ich auch so. Ich träumte davon, im
Konzerthaus spielen zu dürfen. Später habe ich aber
verstanden, dass die Freiheit wichtiger ist. Wie viel
verdienst Du am Abend? Ich komme auf fünfzig bis sechzig
Euro pro Abend. Dazu noch meine Pension. Ist das nicht
besser, als in einem Orchester den ganzen Abend irgendwo
hinten zu stehen, und ein Dirigent macht mit dir, was er
will? Oder jeden Tag neue Aufträge zu suchen? Wäre das
wirklich besser? So aber, wenn man mich anruft, kann ich
auf einer Hochzeit oder Bar-Mizwa spielen. Da entscheide
ich selbst. Man bittet mich, ich biete mich selbst niemandem
an. Ich weiß, dass ich immer etwas verdienen werde. Ruhm
und Erfolg… Naja…"

Mikola (beleidigt):
„Und ich habe den nötig."
Geigenspieler:
„Als ich jung war, dachte ich auch genau so. Ich dachte, wenn ich nach Wien komme, werden alle mich haben wollen... Tja... (Schweigt). Dafür aber habe ich meine Kinder ausbilden lassen. Alle beide! Sie sind mein Ruhm. Der Sohn hat gestern noch einen Wettbewerb gewonnen."
Mikola *(gleichgültig)*:
„Dein Sohn ist ein Glückspilz! Ich freue mich für euch beide."
Geigenspieler (mit Mitleid in seiner Stimme):
„Und du spielst Gitarre..."
Mikola:
„Ich bin mit der Gitarre hierher gekommen. Ich spiele ebenso Posaune, auch Schlagzeug, und anderes. Ich bin ein Orchester-Mensch, verstehst du?"
Geigenspieler (misstrauisch):
„Ja, ich verstehe. Gut! Ich werde dich nicht mehr stören. Wir treffen uns noch... Ach, übrigens..."
Mikola:
„Was noch?"
Geigenspieler:
„Hast du schon deine Bewilligung für das Straßenspiel vom Magistrat abgeholt?"
Mikola:
„Was für eine Bewilligung?"
Geigenspieler:
„Weißt du das nicht? Man braucht eine Bewilligung, um hier spielen zu dürfen..."

Der Geigenspieler geht weg. Inzwischen hat Mikola seine Gitarre gestimmt. Er beginnt zu spielen.
Die Passanten bleiben stehen. Bald bildet sich um ihn eine große Gruppe von Zuhörern. Kleingeld fällt ins Futteral. Von Zeit zu Zeit blitzt ein Fotoapparat.

Mikola sieht das Publikum nicht mehr, er ist in seine Musik vertieft. Sein Gesicht, umrahmt von langem, hellem Haar, scheint begeistert, das macht ihn schön.
Er spielt zuerst die Barkarole. Dann singt er ein ukrainisches Lied: "Ich schaue in den Himmel".

Mikola *singt:*

> Дивлюсь я на небо та й думку гадаю.
> Чому я не сокіл, чому не літаю?
> Чому мені Боже ти крилець не дав?
> Я б землю покинув і в небо злітав!
> Далеко за хмари, подальше од світу.
> Шукать собі долі, на горе „привіту.
> І ласки у зірок, у сонця просить.
> У світі їх яснім все горе втопить.
> Бо долі ще змалку здаюсь я нелюбий.
> Я наймит у неї, хлопцюга приблудний.
> Чужий я у долі, чужий у людей!
> Хіба ж хто кохає нерідних дітей?
> Чужий я у долі, чужий у людей!
> Хіба ж хто кохає нерідних дітей?»[1]

Die Zuhörer hören wie verzaubert zu.
Dann kommen zwei Polizisten. Mikola sieht sie nicht, er singt weiter. Die Polizisten bleiben stehen und hören zu. Man sieht, dass auch sie von diesem Lied verzaubert sind.
Als das Lied zu Ende ist, kommen die Polizisten auf Mikola zu.

Der Polizist:

---

[1] Übersetzung: Ich schaue in den Himmel .Ich schaue in den Himmel und bedaure, dass ich kein Falke bin, dass ich nicht fliegen kann. Warum, lieber Gott, hast Du mir keine Flügel gegeben? Ich hätte dann die Erde verlassen und wäre in den Himmel geflogen, um mein Glück zu suchen. Ich hätte bei der Sonne und den Sternen nach Zärtlichkeit gesucht. In ihrem hellen Licht wär ich in meiner Seelennot versunken. Weil ich keine Liebe im Leben finde, bin ich nur ein Tagelöhner, ein dahergelaufener Bursche. Ein Fremder überall. Wer liebt schon fremde Kinder?

„Bitte, Ihren Ausweis und die Bewilligung!"

Mikola antwortet nicht, stattdessen sammelt er seine Sachen ein. Die Polizisten führen ihn ab.

Szene 3

Eine Zelle im Schubhaftgefängnis.

Mikola:
„Verstehst du, ich bin hierher angekommen, um Geld zu verdienen. Ich will meine eigenen CDs herausbringen. Irgendwie muss man sich in diesem Leben durchsetzen. Nicht wahr? In der Ukraine, du weißt selbst, jetzt …"
Dmitrij:
„In Weißrussland ist es auch nicht viel besser. Deshalb bin ich in diese Geschichte hineingeraten."
Mikola:
„Was für eine Geschichte?"
Dmitrij:
„Bürgerrechtler. Ich war auf Kundgebungen. Friedlichen Kundgebungen. Die Polizei hat aber begonnen, mir irgendwelche kriminellen Sachen zu unterstellen. Ich bin aber kein Verbrecher!"
Mikola:
„Das sagen sie alle."
Dmitrij:
„Du glaubst mir nicht? Ich schwöre, ich lüge nicht. Ihr Ukrainer mögt einfach die Weißrussen nicht, deshalb glaubst du mir nicht. Alle Ukrainer mögen einfach die Weißrussen nicht!"
Mikola:
„So ein Blödsinn! Ich hab doch gesagt, mir ist die Politik scheißegal. Und die Weißrussen auch. „
Dmitrij:

„Warum glaubst du dann mir nicht?"

Mikola:

„Ich glaube dir. Natürlich glaube ich dir. Es ist mir aber egal ob Lukaschenko, ob Juschtschenko, ob Putin, ob Meerrettich! Verstehst du? Sie zerreißen einander für die Macht, und das Volk bleibt hungrig, so wie immer. Du weißt das selbst, die Herren raufen sich, die Köpfe aber rollen bei den Leibeigenen."

Dmitrij:

„Wenn alle so reden, wie du…"

Ivan (mischt sich in ihr Gespräch ein):

„Lasst das, Männer! Die Tschetschenen gehen auf Afghanen los, die Ukrainer auf die Weißrussen, die Georgier auf die Armenier, und dann noch die Türken auf die Kurden… Seid ihr alle verrückt? Was sollen wir teilen?"

Kadyr (böse):

„Und du bist wohl ein Heiliger?"

Kadyr schaut Ivan mit einem langen Blick an. Dann wendet er sich demonstrativ ab.

Vazha:

„Soll ich Dir glauben, dass du alle magst?"

Ivan (bestürzt):

„Also, ich mag … Warum … Ich mag auch nicht alle. Na, zum Beispiel, diesen…, also, wie heißen sie? Die Pappussen von der Osterinsel, die mag ich wirklich nicht."

Alle drehen ihre Köpfe zu Ivan und schauen ihn mit überraschten Blicken an.

Dmitrij (sehr ernst):

„Hast Du sie wenigstens einmal gesehen?"

Ivan:

„Nein, Dim, ich habe sie niemals gesehen, ich mag sie aber nicht."

Dmitrij (lächelnd):

„Warum?"
Ivan:
„Also, wofür … Warum sie…?"
Dmitrij:
„Was, warum?
Ivan (*kratzt sich den Hinterkopf*):
„Warum haben sie diesen Weltreisenden aufgegessen? Er hat ihnen doch nichts Böses angetan …"
Dmitrij:
„Meinst Du vielleicht den James Cook?"
Ivan (fröhlich):
„Ja! Also, ja, diesen Cook! Er war ein guter Kerl! Soweit ich weiß … Also, und jetzt ohne diesen Cook …"

Mikola *beginnt die Melodie des bekannten Liedes zu spielen, dann singt er:*

> Не хватайтесь за чужие талии,
> Вырвавшись из рук своих подруг.
> Вспомните, как к берегам Австралии
> Подплывал любимый всеми Кук…[2]

Keiner schenkt ihm aber die Aufmerksamkeit.

Dmitrij:
„Bist du sicher, dass diese Papua von der Osterinsel den Cook aufgegessen haben? Vielleicht waren es irgendwelche andere?"
Ivan:
„Warum willst Du alles wissen?"

---

[2] Übersetzung: Schaut nicht an die Hüften anderen Frauen, nachdem Ihr euch aus den Umarmungen ihren Freundinnen befreit haben. Erinnern sie lieber daran, wie der von allen beliebte Cook an die Küsten Australiens gekommen ist…

Ivan schmunzelt. Alle begreifen endlich, dass sie auf den Arm genommen wurden.

Mikola *(schlägt in die Saiten und beginnt laut zu singen)*:

> У девушки с острова Пасхи
> Случилось большое несчастье –
> Украли любовника в форме чиновника
> Съели в саду под бананом...[3]

Wächter kommen.
Sie schauen Farchad verdächtigt an, kehren die Blicke auf Kadyr und wieder auf Farchad.

Der erste Wachmann *(zu beiden Afghanen)*:
„Nehmt eure Sachen und kommt mit."

Die Afghanen folgen ihnen ohne Wiederstand.

Der zweite Wachmann *(murmelt wie zu sich selbst)*:
„Man darf diese Afghanen niemals mit den Tschetschenen zusammen lassen..."

Farchad, vorbeigehend, macht eine in Richtung Kadyr eine drohende Geste. Sevar legt die Hand auf die Schulter des Freundes, um seine Unterstützung zu zeigen.

Ahmed *(zu Kadyr)*:
„Warum gehst du immer wieder auf sie los? Hast Du nicht genug davon?"
Kadyr:
„Habe ich nicht!"

---

[3] Übersetzung: Dem Mädchen von der Osterinsel passierte ein großes Unglück, man hat ihren Liebhaber entführt, der die die Uniform eines Beamten trug und hat ihn im Garten unter dem Bananenbaum aufgegessen.

Bacha kommt zu beiden und beginnt leise auf tschetschenisch mit ihnen zu reden. Ahmed, weiter entfernt, hat anscheinend kein Interesse an dem Gespräch.

Ivan *(zeigt Ahmed die Karten)*:
„Spielen wir?"

Ahmed nickt nicht sofort, scheinbar widerwillig setzt er sich zum Tisch.
Die zwei Burschen sind sehr unterschiedlich. Ahmed ist dunkelhaarig, mager und nervös. Ivan hingegen ähnelt einem Bild aus dem russischen Volksmärchenbuch, er ist blond, hat blaue Augen, ein rundes Gesicht und weiße Wimpern. Auf seinen dicken Lippen spielt ständig ein leichtes und vielleicht sogar ein bisschen blödes Lächeln, als ob er nichts ernst nimmt.

Ivan:
„Spielen wir Schafskopf?"
Ahmed:
„Was sonst!"
Ivan:
„Natürlich, wir alle sind hier die Schafsköpfe!"
Dmitrij:
„Wie lang werden wir hier noch gequält? Vielleicht sollten wir in einen Hungerstreik treten? Man sagt, wer mit Hungerstreik beginnt, wird bald entlassen."
Vazha:
„Es ist früher so gewesen. Jetzt aber hat die Innenministerin Zwangsernährung angeordnet. So eine tollwütige Tante!"
Dmitrij:
„Ja, das habe ich schon gehört. Das widerspricht aber der Genfer Konvention. Das verletzt die Menschenrechte. Dein Körper gehört nicht ihnen, sonst nur dir selbst, also haben sie kein Recht, ihn anzugreifen."
Vazha:

„Hm... Das sagst du! Warum sind dann unsere Körper jetzt hier und nicht draußen in der Freiheit?"

Mikola:

„Du bist der Klügste von uns allen, ja?"

Dmitrij:

„Ja, ich bin schlau. Ich kann euch alle über die Menschenrechte beraten."

Mikola:

„Ich scheiß auf deine Beratung! Die Rechte und die Wirklichkeit decken sich nie..."

Ivan:

„Ich werde niemals freiwillig hungern! Dieser Blödsinn ist was für die, die niemals tatsächlich gehungert haben. Ich habe auf der Straße schon genug gehungert, mir reicht's! Hier kriegt man wenigstens was zu essen. Drei mal am Tag! Ja, okay, das ist kein Kurort, aber man kann leben ... Und abwarten... Ich hab sowieso keine Eile ..."

Ivan schaut Ahmed an. Der antwortet ihm mit einem Blick, so als ob er ihn versteht. Dann wendet er sich schnell ab.

Szene 4

Rückblende

Kleine Parkanlage in Wien. Die Nacht. Ivan und Ahmed sitzen auf der Bank. Es ist kalt.

Ahmed:

„Lass uns abwechselnd schlafen. Einer schläft, und der andere passt auf. Wenn jemand kommt, weckt er den anderen."

Ivan:

„Und wenn wir beide einschlafen..."

Ahmed:

„Na dann... Es wäre Schicksal ..."

Ivan:

„Schicksal …"

Ahmed:

„Ah ja, wenn wir zufällig mit anderen Tschetschenen zusammenkommen, erzähle nichts über mich."

Ivan:

„Ich verstehe. Ich schwöre, kein Wort werde ich sagen. Aber über mich kann ich erzählen?"

Ahmed:

„Das ist deine Sache. Ich werde über dich genau so wenig erzählen."

Ivan:

„Früher oder später wird man uns sowieso verhaften. Vielleicht wäre es sogar besser…. Die Nächte sind schon viel zu kalt geworden. Was machen wir, wenn der Winter kommt?"

Ahmed:

„Bis zum Winter halten wir es hier nicht aus. In der Schubhaft ist es wenigstens warm. Man bekommt etwas zu essen…"

Ivan:

„Es wurde mir schon dunkel vor Augen vor lauter Hunger."

Ahmed:

„Ja, mir auch. Wann haben wir zum letzten Mal gegessen?"

Ivan:

„Gestern Morgen, du erinnerst dich, hat uns eine Alte zwei Semmeln gegeben."

Ahmed:

„Hättest du dir je gedacht, dass du zu einem Bettler wirst?"

Ivan:

„Ich? Nie! Nie im Leben! Und du?"

Ahmed:

„Ich noch weniger. Ich dachte immer, dass selbst der Tod besser wäre, als bettelarm zu sein. Sterben will aber keiner …"

Ivan:

„Wir, also meine Mutter und ich, waren in letzter Zeit
ziemlich arm, wir hatten aber immer etwas zu essen. Sogar
in den schlechtesten Zeiten. Erdäpfel hatten wir immer,
auch Sauerkraut. Mutter hat immer Vorräte im Keller
gehabt. Und jetzt… Wir betteln… Und das in Wien! Ich
dachte mir immer, dass Ausland anders aussieht...
Übrigens, dort an der Ecke gibt es einen Hot-Dog Stand …"
Ahmed:
„Na und?"
Ivan:
„Tja, hab gesehen… Einige beißen nur einmal ab und
werfen den Rest in den Mistkübel, es schmeckt ihnen
nicht…"

*Die Burschen schauend einander an, stehen auf und wie auf Befehl
gehen sie in Richtung des Hot-Dog Stands.*
*Sie bleiben neben dem Müllbehälter kurz stehen, und wieder
schauen sie einander an.*
Ivan hebt langsam den Deckel…

Szene 5

Zelle in der Schubhaft.
Ivan und Ahmed spielen Karten.
*Die Iraner sitzen auf ihren kleinen Gebetsteppichen mit dem
Gesicht zum Fenster. Die andren liegen auf den Betten, schlafen
oder lesen.*
Das Gesicht von Kadyr sieht wütend aus.
Ivan *(schaut in die Karten)*:
„Muha, komm', spiel mit uns!"

Kadyr antwortet nicht.

Ivan *(schaut immer noch nur in die Karten)*:
„Aha, na komm…"

Ahmed *(leise):*
„Lass ihn bitte in Ruhe."

Szene 6

Rückblende
Kadyr steht wie gelähmt vor der Ruine des Hauses. Aus der Ruine steigt Rauch auf und es flackern Feuerzungen auf. Das Haus wurde von einer Bombe getroffen-
Kadyr ist erstaunt.
Bald besinnt er sich, stürzt sich auf Trümmerhaufen wirft sich auf die Ruinen:

Kadyr *(schreit):*
„Sie waren hier, sie waren im Haus, sie saßen im Keller!"

Er beginnt mit bloßen Händen die Steine zur Seite zu schieben."
Zwei andere Tschetschenen, die viel älter sind, versuchen ihn festzuhalten. Er stößt sie weg."

Kadyr *(weinend):*
„Lasst sie mich ausgraben! Haltet mich nicht auf, wenn ihr schon nicht helfen wollt!"

Der jüngere Tschetschene:
„Versteh' endlich, sie sind umgekommen! So ein Treffer…
Hier konnte niemand am Leben bleiben. Es gibt keinen Keller mehr. Schau…"

Kadyr findet unter einem Stein einen Kinderschuh. Er hebt ihn auf.

Kadyr:

„Mein Schwesterchen war erst drei Jahre alt… Meine Mutter…"

Der ältere Tschetschene (*dreht Kadyr mit dem Gesicht zu sich*): „Sieh mich an!"

Er drückt den Kopf Kadyrs an seine Brust.

Der jüngere Tschetschene:
„Beruhige dich. Wir werden uns rächen!"

Szene 7

Rückblende
Im Wald.
Eine Militäreinheit tschetschenischer Kämpfer macht eine Erholungspause unter den Bäumen.
Bei ihnen befinden sich auch zwei Gefangene, es sind russische Soldaten. Beide sind nicht älter als 18 Jahre. Die Hände der beiden sind hinter dem Rücken zusammengebunden.
Kadyrs Gesicht scheint viel älter zu sein. Es ist gebräunt und gegerbt von der Witterung. Wie alle trägt er eine grüne Schutzuniform und hat eine „Kalaschnikow" auf der Schulter.

Der jüngere Tschetschene (*an den Kommandanten gerichtet*): „Was machen wir mit den Gefangenen? Brauchen wir sie? Müssen wir sie in die Berge mitschleppen?
Der Kommandeur:
„Ob wir sie brauchen? Ich muss nachdenken."

Die Kämpfer nehmen Pakete mit Essen und Feldflaschen heraus.

Der erste Gefangene:
„Gebt uns bitte was zu trinken!"
Kadyr (*tritt den Gefangenen mit dem Stiefel fest in die Rippen*):

„Ja, gleich!"

Licht aus und dann wieder an. Die Männer haben schon gegessen, manchen sitzen einfach da, die anderen sind eingeschlafen.
Der Kommandant:
„Es wird Zeit! *(Denkt nach und zeigt auf die Gefangenen).* Und die da… erschießen. Wer will übernehmen?"
Kadyr:
„Erlaube mir, Kommandant!"
Der Kommandant:
„Erteilt."

Kadyr zwingt die Gefangenen mit Fußtritten aufzustehen. Er stößt sie mit dem Gewehr in den Rücken.

Kadyr:
„Schneller, schneller, wir haben keine Zeit!"

Er führt die Gefangenen zum Abhang. Alle verlassen die Bühne. Dann hört man einen Schuss und danach einen furchtbaren Schrei. Dann wieder einen Schuss, danach wieder und wieder bis endlich Stille herrscht.
Der Kommandant und die Kämpfer schauen einander an.
Kadyr kommt zurück. Auf seinem Gesicht spiegelt sich ein zufriedenes Lächeln.

Szene 8

Wieder die Zelle in der Schubhaft.
Kadyr beobachtet das Spiel.

Ahmed:
„Spiel mit uns!"

Kadyr antwortet nicht. Er schaut Ivan mit offenem Hass an.

Kadyr (leise und langsam):
„Wie gerne hätte ich dir die Kehle durchgeschnitten!"

Ivan schaut Kadyr nicht an, er glaubt, es war ein Scherz. Seine dicken Lippen lächeln. Seine ganze Aufmerksamkeit ist auf das Spiel konzentriert.
Kadyr (dem Ahmed):
„Und dir auch. Weil du mit dem Russen befreundet bist…"
Ahmed:
„Beruhige dich, Muha, die Russen sind auch Menschen.
Ivan *(dümmlich lächelnd)*:
„Und die Tschetschenen auch …"

Kadyr hebt die Faust und macht einen Schritt auf Ivan zu. Im selben Moment öffnet sich die Tür und der Wachmann rollt einen kleinen Tisch in die Zelle hinein. Der zweite Wachmann bleibt hinter dessen Rücken stehen.

Der erste Wachmann:
„Abendessen!"
Der zweite Wachmann (zu den Iranern):
„Heute ist euer Glückstag! Morgen früh verlasst ihr uns!"
Dmitrij:
„Na, bitte, die haben Glück! Morgen sind sie frei. Und wir…"

Szene 9

Es wurde schon gegessen.
Der Wachmann rollt jetzt den kleinen Tisch hinaus und schließt die Tür.

Vazha *(empört)*:
„Wie kann man das essen! Das ist ja Scheiße"
Ivan:

„Meiner Meinung nach, ist das besser als hungern. Du hast wahrscheinlich nie gehungert!"

Vazha *(unfreundlich)*:

„Habe ich! Dennoch werde ich diese Scheiße nicht essen!"

Ivan (ironisch):

„Dann sag, dass sie extra für dich ein georgisches Charcho vorbereiten sollen!"

Mikola:

„Wir alle essen, und Du willst eine Extrawurst?"

Vazha:

„Ja, ich bin Extra! Und überhaupt, schaut euch an, was für einen Schweinestall ihr aus der Zelle gemacht habt! Warum räumt ihr nicht auf?"

Mikola:

„Wenn Du willst, dann räum doch selber auf! Hast Du vorher in einem Palast gelebt?"

Vazha (böse):

„Ja, ich habe in Palästen gelebt!"

Dmitrij *(spöttisch und faul)*:

„Ugu! In einem Palast mit Namen Leoben…"

Vazha:

„Ja, ich saß im Gefängnis! Na und? Dort herrschte wenigstens Ordnung! Und Sauberkeit. Dort gibt es sogar eine Sporthalle! Hier aber verreckt man mit Euch in diesem Schmutz. Und man verreckt vor Langeweile!"

Ahmed:

„Wofür bist Du gesessen?"

Vazha:

„Wofür, wofür! Das ist meine Sache!"

Ivan (dümmlich lächelnd):

„Hast du jemanden erstochen oder eine Bank ausgeraubt?"

Vazha fährt in die Höhe und will sich auf Ivan werfen. Ahmed versperrt ihm den Weg.

Ahmed:

„Mit mir wirst du raufen! Aber nicht jetzt! Wir rechnen ab, wenn wir wieder im Freien sind."

Ivan (mit demselben Lächeln):

„Ich verstehe Dich nicht, du sehnst dich nach dem Gefängnis?"

Vazha *(böse)*:

„Und das hier ist kein Gefängnis? Dort wusste ich wenigstens, was mich am nächsten Tag erwartet. Und hier… Man droht jeden Tag, dich nach Hause zu schicken…"

Dmitrij:

„Hast Du dich schon bei der Mama Bock beklagt? Man sagt, sie hätte ihre Unterkunft für die Flüchtlinge selber finanziert. Noch dazu hat sie besonders für die Georgier ein Herz."

Dmitrij:

„Willst Du wirklich nicht nach Hause? Alle Georgier wollen doch nach Hause. In ihr Land mit Bergen und Mandarinen…"

Vazha *(hat sich schon beruhigt)*:

„Und wie! Ich kann aber nicht nach Hause! Man würde mich töten."

Dmitrij:

„Wer? Saakaschwili?"

Vazha:

„Eh… Nein. Was hat Saakaschwili damit zu tun?"

Dmitrij:

„Und wer dann?"

Vazha:

„Das geht dich nichts an!"

Dmitrij:

„Also, wenn du nicht willst; sag auch nichts! Es ist aber klar, wenn nicht Saakaschwili…, dann bedeutet das… die georgische Mafia…"

Vazha *(wird wieder böse)*:

„Halt's Maul!"

Ivan:

„Ach, wenigstens wisst ihr, wie sehr ich mich nach meinem Dorf sehne…"

Szene 10

Rückblende
Ein russisches Dorf. Ein kleines Holzhaus mit einem Vorgarten. Im Vorgarten blühen die Georginen. Hinter dem Haus ist ein Gemüsegarten.
Ivan sitzt auf der Bank vor dem Haus und spielt Ziehharmonika. Aus dem Haus kommen Burschen und Mädchen.

Das erste Mädchen:
„Wanj, also, ist es schon morgen so weit?"
Ivan:
„Ja, mit der Morgendämmerung muss ich zur Eisenbahnstation."
Das zweite Mädchen:
„Fürchtest Du nicht, dass man dich nach Tschetschenien schicken wird?"
Ivan:
„Wovor soll ich mich fürchten?! Wohin man mich schickt, dorthin fahre ich. Fürchte und fahre… Ich hab schon immer den Kaukasus sehen wollen…"
Der erste Bursche:
„Das wäre der falsche Kaukasus! Du machst immer Scherze!"
Das erste Mädchen:
„Und deine Tanja ist nicht gekommen?"
Ivan:
„Das siehst du doch selber! Sie ist nicht meine! Sie mag mich nicht. Sie liebt einen anderen…"

Er zieht die Ziehharmonika wieder heran und singt. Die anderen beginnen ihm nachzusingen:

Как родная меня мать
Провожала,
Тут и вся моя родня
Набежала.
Ах, куда ж ты, паренёк,
Ах, куда ты?
Не ходил бы ты, Ванёк,
Во солдаты!
В Красной армии штыки
Чай найдутся,
Без тебя большевики
Обойдутся![4]

Ivan:

„Hei, Leute, ihr wisst, ich bin allein mit meiner Mutter, sie hat niemanden sonst. Also, kommt, besucht sie… Wer weiß, ob sie nicht krank wird…. Sie lebt allein, sie hat nur mich…"

Freunde bestätigen, dass sie seine Mutter nicht im Stich lassen werden.
Weitere Burschen und Mädchen stürzen aus dem Haus lärmend auf die Straße.
Die ganze Gruppe singt. In der Mitte geht Ivan mit der Ziehharmonika.

Эх, яблочко,
Да золотистое,
Да не водися ты, Ванёк,
С коммунистами!
Поневоле ты идёшь,
Аль с охотой,
Ваня, Ваня, пропадёшь
Ни за что ты.

---

[4]Übersetzung: Als meine Mutter mich verabschiedet hatte, kam meine ganze Verwandtschaft angerannt. Wohin gehst du, Junge, ach, wohin gehst du? Geh lieber nicht, werde nicht Soldat! In der Roten Armee gibt es genug Bajonette. Die Bolschewiken werden auch ohne dich gut leben.

С молодой бы жил женой,
Не ленился,
Тут я матери родной
Поклонился.[5]

Die Gruppe entfernt sich langsam. Auf der Haustreppe bleibt
Ivans Mutter zurück. Sie hat ein dunkles Kleid mit kleinen
Blümchen an. Ihr Kopftuch ist am Nacken, unter dem Haar,
gebunden.
Sie schaut den jungen Leuten nach. Mit dem Rand des Tuches
wischt sie sich die Tränen ab.

Szene 11

Die Zelle in der Schubhaft.
Ivan sitzt mit finsterem Gesicht da und schaut in die Ferne.

Ivan *(zu sich selbst)*:
„Ich habe meine Mutter allein zuhause gelassen. Sie ist ganz
allein. Wir haben keine Verwandten… Nur die Nachbarn…
Und eine Katze… Ich kann ihr nicht einmal einen Brief
schreiben. Werde ich sie irgendwann wieder sehen?"

Ahmed:
„Meine Mutter hat auch keine Kinder außer mir…"

Lange Pause.

Ivan:
„Jetzt sind in unserem Dorf die Äpfel reif. Meine Mutter hat
viele Apfelbäume. Und viele Blumen. Sie hat die schönsten

---

[5] Übersetzung: Eh, Äpfelchen, goldiges Äpfelchen, lass dich bitte, Wanja,
nicht mit Kommunisten ein. Ob Du gezwungen wärest oder gerne gehst, Du wirst
ums Leben kommen. Lass dich lieber zusammen mit deiner jungen Frau leben.
Dann habe ich mich vor der Mutter und der Verwandtschaft verabschiedet…

Georginen im ganzen Dorf. Früher hat keiner in unserem
Dorf Blumen angepflanzt, viele Blumen wachsen einfach so,
von selbst. Erst nachdem meine Mutter ihre Georginen
gepflanzt hat, haben die anderen das gleiche gemacht. Jetzt
machen sie einen Wettbewerb, wessen Blumen schöner sind.
(Schweigt lange). Die Erdäpfel muss sie dieses Jahr alleine
ernten…"

Ivan legt sich auf das Bett und dreht das Gesicht zur Wand.
Ahmed steigt auf das obere Bett und setzt sich nach türkischer Art
hin, die Beine gekreuzt.
Das Licht erlischt langsam.

Szene 12

Rückblende
Sommer. Mittag. Der grüne Hof eines Wohnhauses in
Novosibirsk. Der Hof ist leer. Im Schatten unter dem Baum, auf
der Bank, sitzen Ahmed und Mila.
Mila ist blond, sie hat Sommersprossen. Sie trägt ein helles Kleid
und helle Schuhe.
Beide sind noch sehr jung. Man sieht, dass Ahmed und Mila sehr
glücklich sind.

Mila:
„Fährst du bald nach Grosny?"
Ahmed:
„Ja, ich muss meinen Onkel besuchen. Väterlicherseits.
Onkel Avar."
Mila:
„Warum?"
Ahmed:
„Er verlangt es. Du weißt, mein Vater ist tot. Nein, er ist
nicht im Krieg gefallen. Er war krank, er hatte Krebs. Den
tschetschenischen Gesetzen nach sollte ich bei der Familie

des Onkel Avar bleiben. Meine Mutter hätte zu ihren Verwandten zurückgehen sollen. Sie wollte das aber nicht. Ich hatte auch sehr große Angst, dass man uns trennen würde. Nachdem ich schon meinen Vater verloren habe…"

Mila:

„Wie ist es weiter gegangen?"

Ahmed:

„Als mein Vater gestorben ist, dachte ich, mein Glück wäre vorbei. Ich dachte, dass ich nie wieder lachen werde. Dann, als Onkel Avar mich meiner Mutter wegnehmen wollte, dachte ich, dass ich lieber sterben würde… Meine Mutter hat das aber nicht zugelassen…"

Mila:

„Ist sie einfach weggelaufen?"

Ahmed:

„Das kann man so sagen. Der Bruder meiner Mutter hat ihr geschrieben, dass sie mit mir zu ihm kommen soll. So kam ich nach Novosibirsk. Ich bin sehr glücklich, dass er das gemacht hat. Sonst hätte ich dich niemals kennen gelernt.

Mila (*lächelnd*):

„Ich bin auch sehr glücklich, dass Du so einen guten Onkel hast. Er ist doch gut, nicht wahr?"

Ahmed:

„Onkel Sadek? Ja, er hat ein gutes Herz."

Mila:

„Warum lebt er in Novosibirsk?"

Ahmed:

„Er ist schon lange hier. Er hat hier studiert, als die Sowjetunion existierte. Dann hat er seine Studienkollegin geheiratet."

Mila:

„Ist seine Frau auch gut zu dir?"

Ahmed:

„Ja, sie ist auch sehr herzlich. Und sehr hübsch. Sie ist aber auch sehr streng. Jeder in der Familie hat seine Pflichten. Mit meinem Cousin und mit der Cousine verstehen wir uns

auch prima. Die beiden sind etwa jüngerer als ich. (Stolz)
Ich bin ihr älterer Bruder."

Mila:

„Wozu sollst Du nach Grosnyj fahren?"

Ahmed:

„Onkel Avar hat das befohlen. Er hat gesagt, sonst kommt
er selbst und holt mich. Es wird aber nicht lange dauern.
Nur ein paar Wochen. Meine Mutter will auch nicht, dass
ich fahre. Ich muss aber. Ich komme bald zurück."

Mila (*nachdenklich*):

„Nicht alle Verwandten mögen einander. Freunde stehen oft
näher als die Verwandten."

Ahmed:

„Ja, das weiß ich."

Mila:

„Du bist jetzt für mich näher als alle Verwandten... Ich liebe
auch meine Familie, aber Du... Du bist jetzt für mich..."

Mila sagt nichts weiter. Sie wird rot.

Ahmed:

„Ihr Russen seid ein großes Volk, und wir sind ein kleines.
Vielleicht sind wir deswegen so stark miteinander
verbunden."

Mila:

„Darüber habe ich noch nie nachgedacht. Nächstes Jahr sind
wir beide mit der Schule fertig, dann können wir machen,
was wir wollen, dann sind wir erwachsen."

Ahmed:

„Dann können wir heiraten?"

Mila:

„Oh ja! Wir sind aber noch viel zu jung. Wir sollten zuerst
mit der Schule fertig werden und dann weiter studieren."

Ahmed:

„Nach tschetschenischen Gesetzen sind wir nicht zu jung,
wir können auch schon jetzt heiraten."

Mila:
„Standesamtlich dürfen wir noch nicht heiraten. Wir sind noch nicht achtzehn."

Ahmed:
„Also, ohne Standesamt bist du nicht einverstanden?"

Mila:
„Natürlich nicht. Es soll alles richtig sein…"

Ahmed:
„Willst Du mich heiraten?"

Mila:
„Oh ja! Ich will. Aber nicht jetzt…"

Ahmed und Mila küssen sich.

Ahmed:
„Und deine Eltern? Würden sie etwas dagegen haben?"

Mila:
„Das weiß ich nicht. Ich glaube sie werden versuchen, uns zu überreden, zuerst zu studieren."

Ahmed:
„Ich meine, ob sie etwas dagegen hätten, dass Du einen Tschetschenen heiratest…"

Mila *(unentschlossen)*:
„Ich weiß es nicht. Ich bin mir aber sicher, wenn sie dich kennen lernen, werden sie alle ihre Vorurteile fallen lassen. Meine Eltern sind nicht böse. Und deine? Würden deine Verwandten mich mögen?"

Ahmed:
„Solange wir in Novosibirsk leben, ist das egal. Sollten wir aber irgendwann nach Tschetschenien ziehen wollen… Dort entscheiden alles die Ältesten. Sie würden sicher verlangen, dass du eine Muslimin wirst… Wir müssen aber nicht nach Tschetschenien ziehen. Wir bleiben hier. Meine Mutter mag dich jetzt schon. Und mein Onkel ist selber mit einer Russin verheiratet. Zuhause läuft alles nach dem Willen der Tante."

Beide lachen.

Mila:
„Bei uns Russen ist es immer so. Ich liebe dich so sehr, Es tut weh, wenn ich nur daran denke, dass jemand versuchen könnte, uns zu trennen."

Ahmed:
„Mir geht es genauso. Du weißt, mit dir bin ich ganz anders. Weil du mich liebst. Früher war oft so eine Wut in mir. Ich wusste auch nicht, warum. Aber jetzt bin ich endlich vollkommen glücklich."

Mila:
„Ich bin auch sehr glücklich mit dir. Bleib doch! Fahr nicht weg! Ich will nicht, dass Du wegfährst. Ich habe so ein Gefühl… Du darfst nicht wegfahren."

Ahmed:
„Ich weiß. Ich komme aber bald zurück. Schon eine Woche ohne Dich kommt mir vor wie eine Ewigkeit. Es macht mich ganz krank, wenn ich nur daran denke, dass wir uns so lange nicht sehen. Ich mag dich so sehr! Für immer."

Mila:
„Ich mag dich auch."

Sie sitzen lange schweigend, ihre Schultern berühren einander.

Mila:
„Lass uns glücklich sein. Jeden Tag. Gehen wir heute Rollschuhe fahren!"

Ahmed:
„Aber nur wenn du mich jetzt sofort küsst! Gib mir einen Kuss, so lang uns keiner sieht."

Ahmed und Mila küssen sich.
Schubhaftgefängnis. *Ahmed sitzt immer noch auf seinem Bett in derselben Gebetspose. Alle schlafen. Vor dem Fenster wird es schon hell. Der neue Tag kommt.*

Szene 13

Das graue Zimmer im Schubhaftgefängnis. Aus einem hochgelegenen Fenster fällt ein Lichtstrahl auf den Tisch. Der Tisch steht in der Mitte des Zimmers, rund um ihn stehen vier Stühle.
Beim Tisch sitzen Ivan und die Sozialarbeiterin Katrin.

Katrin:
„Wollen Sie mir Ihre Geschichte erzählen?"
Ivan:
„Sie sprechen russisch! Wo haben Sie unsere Sprache gelernt?"
Katrin:
„Hier, in Wien. Im Gymnasium."
Ivan:
„Ich habe auch in der Schule Deutsch gelernt, aber nicht so gut wie Sie."
Katrin:
„Haben Sie eine Familie?"
Ivan *(seufzt kummervoll)*:
„Ich habe nur meine Mutter. Sie hat sich vielleicht schon die Augen ausgeweint."
Katrin:
„Erzählen Sie, warum mussten Sie flüchten?"
Ivan:
„Was soll ich da erzählen! Ich habe schon in Traiskirchen alles erzählt. Sie haben mir nicht geglaubt."
Katrin:
„Ich werde Ihnen glauben."
Ivan:
„Also, man hat mich in die Armee eingezogen. Es war voriges Jahr im Herbst. Ich wurde gerade achtzehn. Meine Mutter hat für mich ein großes Abschiedsfest gegeben! Die ganze Nacht hat keiner im Dorf geschlafen. In der Früh sind alle meine Freunde zum Bahnhof gekommen, um sich von

mir zu verabschieden. Wir haben die ganze Nacht gefeiert. Also, ich kann mich kaum an etwas erinnern. Im Zug schlief ich sofort ein.

Wir fuhren den ganzen Tag und noch die ganze Nacht. Dann sind wir in einem Camp gelandet. Dort habe ich erfahren, dass man mich wirklich nach Tschetschenien schicken wird.

Zwei Monate lang haben wir exerziert, aber nicht wirklich sehr fleißig. Stundenlang ging ich herum in dem Camp, keine hat sich wirklich um uns gekümmert.

Schießen haben wir aber gelernt. Mir hat das gefallen. Zu schießen. Besonders nach dem ich meinen ersten Erfolg hatte. Ich verpasste kaum ein Ziel. Es war so lustig!

Als ich ein Kind war, haben wir oft Krieg gespielt. Jetzt war es so, als ob es immer noch nur ein Spiel wäre. Ich habe nicht gewusst, dass ich so ein präzises Auge und eine sichere Hand habe. Ich bin ein guter Schütze. Das hat mich überrascht. Man hat mich mein Leben lang einen Nichtsnutz genannt. Nein, die Gesetze habe ich nicht verletzt. Ich bin einfach ein Mensch, der nichts ernst nimmt.

Zwei Monate später hat man uns wieder in den Zug gesetzt und an die Front gebracht.

Mit meinen neuen Kammeraden bin ich gut ausgekommen. Sie waren gute Kumpel. Im Camp hat man uns politisch vorbereitet, man erzählte uns, wer diese Tschetschenen wirklich sind, und warum wir sie bekämpfen sollen.

Ehrlich gesagt, mir erschien das alles wie ein Spiel. Ich träumte sogar davon, dass ich ein Held werde. In der Kindheit habe ich gerne Kriegsfilme angeschaut. Ich weiß nicht, vielleicht dachte ich mir, es wäre alles wie in einem Film, wo man genau weiß, wer der Feind ist und wer der Freund... Ich dachte ... Ich weiß eigentlich nicht, was ich damals dachte. Ich glaube, dass ich nicht fähig war, zu denken.

Also, zehn Stunden am Tag wurden wir von einem Ort zum anderen getrieben. Das macht nichts, ein Mann muss alles ertragen können. Dann, eines Tages fuhren mir mit dem Lastwagen, und später zu Fuß gingen wir in den Wald. Es wurde dunkel. Wir lagen am Rande eines tiefen Grabens. Wir sollten warten. Worauf warten, hat keiner gesagt. Eine Feldflasche mit Wodka wurde von einem zum anderen weitergegeben. Ich habe auch einen Schluck gemacht. Es hieß für die Tapferkeit, und damit uns warm bleibt. Lange auf der Erde zu liegen ist gar nicht lustig.

Plötzlich hörten wir Schüsse. Es hatte begonnen! Ich habe nicht sofort verstanden, wer auf wen schießt. Ich habe auch geschossen. Aber irgendwohin nach oben. Im Dunkeln habe ich sowieso nichts gesehen.

Ob ich Angst hatte? Nein, nicht wirklich. Dass es auch mich treffen könnte, daran habe ich nicht gedacht. Ich wurde nur plötzlich sehr aufgeregt. Ich wollte schon aufstehen und nach vorne laufen. Mein Kamerad Saschka, der neben mir lag, hat mich am Bein zurückgehalten und ich fiel hin. Er war richtig böse auf mich.

Die Schießerei hat ebenso plötzlich aufgehört, wie sie angefangen hatte. Ich fühlte, dass die Tschetschenen ganz nahe sind, mir schien, ich hörte sogar, wie sie atmen. Sie lagen auf der anderen Seite des Grabens.

Die Zeit verging sehr langsam. Mir wurde kalt, und der ganze Körper wurde steif. Wir lagen aber ganz still. Irgendwo auf der rechten Flanke hörte ich wieder die Schießerei, nur einzelne Schüsse. Der Kommandant hat uns den Befehl gegeben, zu warten.

Und plötzlich in dieser Stille höre ich auf anderer Seite des Grabens, wie zwei Männer untereinander Russisch reden. Können Sie sich das vorstellen? Ihre Feinde sprechen Ihre Sprache. Russisch! Ich hörte sogar die einzelnen Worte. In diesem Moment wurde alles in mir wie umgewandelt. Man hat uns gesagt, dass die Tschetschenen unsere Feinde sind, in Wahrheit gehören wir alle zum sowjetischen Volk. Auf beiden Seiten des Grabens sprach man Russisch. In dem Moment bin ich fast verrückt geworden.

Ivan steht auf und beginnt zu gestikulieren.
Katrin schaut ihn an.
Ivan hört auf zu reden und setzt sich wieder willenlos auf den
Sessel.

Katrin:
„Vielleicht wollen Sie eine Pause machen? Wollen Sie
Wasser?"
Ivan:
„Nein, Danke. Nichts. Ich habe mich schon beruhigt. Ach ja,
Wasser, ja… bitte…"

Katrin gießt Wasser aus einer Karaffe ins Glas. Ivan trinkt gierig.

Ivan:
„Wiener Wasser ist gut…"

Katrin nickt.
Nach einer langen Schweigepause setzt Ivan seine Erzählung fort.

Ivan:
„Das ist noch nicht alles. Ich hatte ein Gefühl, als ob ich
nach einem langen Schlaf wieder erwacht wäre. Meine
Gedanken wurden wieder klar. Zum ersten Mal seit meiner
Abschiedsfeier hatte ich das Gefühl, wieder nüchtern zu
sein. Es wurde mir absolut klar, dass wir nicht auf die
Papierzielscheiben schießen, sondern auf Menschen. Sie
sind so wie ich. Aus Fleisch und Blut.
Da habe ich vielleicht zum ersten Mal in meinem Leben
richtig verstanden, was die Sünde ist… Das war kein
Gedanke, das war ein Gefühl, das einfach überwältigend
war. Schrecklich ist nicht so sehr das, was du gemacht hast
oder machen wirst, das Schrecklichste ist, dass es dich für
den Rest deines Lebens begleiten wird. Für den ganzen Rest
deines Lebens! Verstehen Sie? *(Schweigt wieder)*.

Also... Bald begann der richtige Kampf. Man hat
geschossen, jemand hat laut geschrien und geschimpft. Die
verwundeten Tschetschenen haben auch auf Russisch
geschimpft. Zum ersten Mal im Leben sah ich, wie jemand
stirbt. Und ich lag da, wie gelähmt. Mir schien, ich wäre
lieber tot gewesen, als selber zu töten. Was würde ich dann
meiner Mutter sagen? Wissen Sie, meine Mutter ist eine sehr
gläubige Frau...
Dann höre ich eine Stimme: «Arschloch, warum schießt du
nicht, bist du eingeschlafen?!» Da schoss ich, aber ohne zu
zielen, wieder irgendwohin nach oben. Saschka hat das
gesehen und drohte mir: „Na warte, sollten wir am Leben
bleiben, kommst du vors Kriegsgericht. Wenn ich dir nicht
selber deinen Kolben weg puste!".
Alle standen plötzlich auf und liefen nach vorn. Ich auch.
Das hieß Angriff. Nach ein paar Schritten bin ich aber über
einen knorrigen Baumstumpf gestolpert. Der Schmerz war
so groß, dass ich mir sicher war, dass mich eine Kugel am
Bein getroffen hat. Als ich zu Boden fiel, habe ich mich mit
dem Kopf an einem Baumstamm gestoßen. Ich wurde
bewusstlos..."

*Ivan schweigt mit gesenktem Kopf. Katrin sieht ihn mit
Anteilnahme an. Nach einer langen Schweigepause hebt Ivan den
Kopf.*

Katrin:
„Also, und was war weiter?"
Ivan:
„Verstehen Sie nicht, ich bin ein Verräter. Ich habe meine
Leute verraten. Sie haben ihr Leben riskiert. Und ich... Ich
war verpflichtet... ich habe einen Eid geschworen. Und
dann gebrochen. Auch das ist eine Sünde. Meine
Kammereden werden es mir nie verzeihen. Sie haben auch
Recht. Damals wusste ich einfach nicht, was Recht und was
Unrecht ist. Ich weiß das auch jetzt kaum. Ich will einfach

niemanden töten. Der Feind, das waren nicht Fremde, das waren auch unsere Leute. Verstehen sie… Als ich gehört habe, dass sie Russisch reden… Verstehen Sie mich?"

Katrin:

Ja, ich verstehe. Und was war weiter?"

Ivan:

„Weiter…"

Szene 14

Rückblende

Wald. Ivan liegt auf dem Boden. Hinter der Bühne hört man das Knacken eines Astes:

Ivan (schreit):

„Stehen bleiben, ich werde schießen!"

Ivan schaut seine leeren Hände an. Mit dem Blick sucht er nach dem Gewehr. Sein Gewehr liegt weit entfernt. Ivan will aufstehen, der Schmerz aber zwingt ihn wieder auf den Boden. Er schaut auf sein Bein, es ist stark angeschwollen.

Die Stimme aus den Büschen:

„Wenn Du schießt, schieße ich auch!"

In nächsten Moment springt ein Mann aus dem Busch. Er hat kein Gewehr, dafür aber geht er auf Ivan los. Beide rollen auf dem Boden. Ivan schreit laut auf vor Schmerz. Der Angreifer ist verblüfft.
Beide setzen sich. Sie schauen einander direkt in die Augen. Ivan greift an sein Bein und stöhnt vor Schmerz.

Ivan:

„Warte, lass uns reden! Bist du ein Tschetschene?"

Ahmed (zänkisch):

„Ja! Sieht man das nicht?"

Ivan:

„Was machst du hier?"
Ahmed:
„Dasselbe wie du."
Ivan:
„Ich bin verwundet und deswegen zurück geblieben."
Ahmed schweigt und schaut zur Seite.

Ivan *(nachdenklich)*:
„Klar! Du auch…"

Ivan lässt den Kopf sinken, ihn quälen Angst und Scham.
Ahmed fühlt sich nicht besser, in seinen Augen steht Trauer.

Ahmed *(verächtlich)*:
„Ah, du hast Angst zu sterben! Ist dein kümmerliches Leben
für dich so viel wert?!"
Ivan:
„Nein, ich pfeife auf mein Leben!"
Ahmed:
„Und warum bist du flüchtig?"
Ivan *(unsicher)*:
„Ich bin nicht flüchtig. Siehst du nicht, das Bein…"
Ahmed:
„Ich sehe, dass du flüchtig bist. Erzähl keine Märchen!"
Ivan:
„Ja, vielleicht hast du recht. Ich kann nicht…"
Ahmed:
„Was kannst du nicht?"
Ivan:
Ich kann nicht auf eigene Leute schießen."
Ahmed *(misstrauisch)*:
„Von wegen! Sage jetzt nicht, dass du ein Tschetschene
bist!"
Ivan:
„Nein, ich bin ein Russe. Aber ihr sprecht auch Russisch.
Sind wir wirklich Feinde?"

Ahmed *(verblüfft)*:
„Ah..."

Beide verstummen für längere Zeit.

Ahmed:
„Ja, auf einen Menschen zu schießen... Das ist nicht so einfach."
Ivan *(erfreut sich)*:
„Aha, du verstehst mich. Ich heiße übrigens Wanja. Und du?"
Ahmed:
„Ahmed."
Ivan:
„Also, was machst du hier wirklich?"
Ahmed:
„Ist habe mich im Wald verirrt. Jetzt muss ich unsere Leute einholen. Dich nehme ich mit. Man wird mir für einen Gefangenen vielleicht einen Orden verleihen..."
Ivan *(lächelt misstrauisch)*:
„Aha! Ich bin aber von der Großmutter weggegangen, ich bin vom Großvater weggegangen, von dir gehe ich auch weg..."
Ahmed:
„Du lachst. Weiß du denn nichts von der Großfahndung nach jungen Tschetschenen?! Alle sind hinter uns her. Wenn Russen dich fangen, sagen sie, du bist ein Terrorist. Sie können dich auf der Stelle erschießen. Wenn die Tschetschenen... Zuerst schickt man dich zu den Wahhabiten, die dir eine Gehirnwäsche verpassen..."
Ivan:
„Hast du gekämpft?"
Ahmed *(bissig)*:
„Wer bist du, dass du mir Fragen stellst? Willst du über mich urteilen?"
Ivan *(versöhnlich)*:

„Ich richte nicht. Jeder ist sein eigener Richter. Wenn du nicht willst, sage ich auch nichts. Von mir kann ich alles erzählen. Ich habe keine Geheimnisse. Ich habe meine Leute verraten. Am liebsten würde ich mich selber erschießen."

Beide schweigen.
Dann geht Ahmed weg.
Er kehrt mit einigen Stücken Holz in der Hand zurück. Dann zieht er seine Jacke, sein Hemd und Unterhemd aus. Zieht Hemd und Jacke wieder an und beginnt, sein Unterhemd in Streifen zu reißen.

Ahmed:
„Ich werde dir eine Beinschiene machen…"
Ivan:
„Warum hast du dein Unterhemd zerrissen? Ich habe auch eines."
Ahmed *(legt die Schiene auf das Bein von Ivan und erzählt mit blasser Stimme)*:
„Ich bin eigentlich auch ein Fahnenflüchtiger. Nicht, dass ich das wollte… Vor einem Monat wurde ich schlagverwundet, eine Bombe explodierte neben mir, dadurch habe ich so etwas wie Schlaganfall gekriegt. Man hat mich in ein Haus gebracht und später ins Spital. Anscheinend wurde ich geheilt, nur mit dem linken Auge sehe ich immer noch sehr schlecht. Am nächsten Tag sollte ich das Spital verlassen. In der Nacht davor sind aber die Russen gekommen. Alle Männer, die gehen konnten, haben sie mitgenommen. Es war dunkel, ich wusste nicht, wohin man mich bringt.
Man hat mich in ein Gefängnis gebracht. Nein, es war ein Kerker. Insgesamt habe ich dort vier Zellen gesehen, sie waren aber leer. Es sah so aus, als ob es ein typisch tschetschenisches Bauernhaus wäre, mit einem großen Innenhof. „
Ivan:

„Wozu sollten Bauern so einen Kerker mit mehreren Zellen haben? „

Ahmed:

„Lass mich weiter erzählen! Ich habe das noch niemandem erzählt. In der Zelle gab es nur einen Eimer, eine Matratze und ein großes Gurkenglas mir Wasser.

Ich hörte Stimmen von oben. Dann wurde es richtig laut. In einer halben Stunde hat sich aber alles wieder beruhigt und ich bin eingeschlafen. Als ich wieder wach wurde, herrschte absolute Stille. Eine beängstigende Stille, muss ich sagen. Der ganze Tag verging. Das Haus war offensichtlich leer, keiner hat sich für mich interessiert.

Ich hatte Hunger. Am Anfang habe ich mir überlegt, was ich bei der Befragung sagen würde. Ich hatte Angst, dass man mich foltern würde. Dann aber wurde es mir klar, dass es keine Befragung geben würde. Man hat mich einfach allein da gelassen. Vergessen! (Schweigt. Es fällt ihm schwer, weiter zu erzählen). Ich sage dir ehrlich, ich hatte solche Angst! So eine Angst hatte ich noch nie im Leben. Wenn du in der Schlacht Angst hast erschossen zu werden, spürst du gleichzeitig viel Energie in dir. Manchmal sogar eine merkwürdige Erregung, weil die Angst heiß ist. Die Angst aber, die ich im Kerker erlebt habe, war unvergleichbar schrecklicher. Das war eine kalte Angst. Die Kälte hat mich durchbohrt, sie besetzte jede Zelle meines Körpers. Ich war allein, ganz allein… (Schweigt) Verstehst du? Von allen verlassen! Sogar von Feinden… Da dachte ich mir, dass ich mich sogar aufs Foltern freuen würde, nur um nicht allein zu bleiben…

Die Tür war verschlossen. Das Fenster hatten Gitter. Das Fensterchen war sowieso zu klein und ging noch dazu in so eine enge Vertiefung, die sogar für ein Kind zu klein wäre. Ich wusste, dass solche großen Häuser immer irgendwo abgelegen stehen, im Feld oder am Rand eines Waldes. Ich kannte solche Häuser. Sie gehören den reichen Tschetschenen.“

Ivan:

„Gab es in der Sowjetunion reiche Tschetschenen?"

Ahmed:

„Ihr Russen kennt uns nicht. Die Tschetschenen waren nie arm."

Ivan:

„Wie hast du dich befreit?"

Ahmed:

„Am dritten Tag wurde ich fast verrückt. Ich glaube, ich habe sogar kurz den Verstand verloren. Auf einmal habe ich mich mit dem ganzen Körper und mit dem Kopf gegen die Tür geworfen. Ofensichtlich habe ich so lange an sie geschlagen, bis das Schloss kaputt ging. Allah sei mir gnädig, das Schloss war nicht wirklich gut, es war schließlich kein richtiges Gefängnis. Mein ganzer Körper was mit blauen Flecken übersät, von den Schlägen, die ich mir selbst verpasst hatte."

Ahmed verstummt.

Ivan:

„Ich glaub's dir. Ich kann dich verstehen."

Ahmed *(in ganz anderer Ton)*:

„Ich habe auf Menschen geschossen, verstehst du… Ich hatte keinen Hass, trotzdem habe ich geschossen. Weil sie auch auf mich geschossen haben. Ich führte die Befehle aus. *(Macht eine lange Pause, dann redet er ganz leise weiter).* Meine Braut lebt in Novosibirsk. Sie ist eine Russin. Ihr Bruder dient in der russischen Armee. Wer weiß, vielleicht habe ich ihren Bruder erschossen... Also…"

Ivan:

„Denk nicht daran…"

Ahmed:

„Hast du den Film über Romeo und Julia gesehen?"

Ivan:

„Nein. Wollte ich."

Ahmed *(entsetzt)*:

„Was? Hast du wirklich den Film über Romeo und Julia nicht gesehen?"

Ivan:

„Nein. Na und? Erzähl mir!"

Ahmed:

„Das waren ein Bursch und ein Mädchen. Ganz jung. So wie ich und Mila. Sie liebten einander, aber ihre Familien und ihre ganzen Verwandtschaften waren verfeindet. Sie hatten geschworen. So wie Tschetschenen und Russen."

Ivan:

„Du musst aber nicht kämpfen. Warum bist du bei den tschetschenischen Kämpfern, wenn du in Novosibirsk gelebt hast?"

Ahmed:

„Ich hatte das nicht vor. Ich wollte nicht kämpfen. Mein Onkel wollte, dass ich ihn besuche. Also fuhr ich in den Ferien zu ihm nach Grosnyj... Ich dachte, nur für zwei Wochen und dann... wollte ich zurück in die Schule. Mein Onkel ... Das ist eine lange Geschichte... Ich muss ja nicht alles erzählen!"

Ivan legt seine Hand auf Ahmeds Schulter. Ahmed hilft ihm auf die Beine.

Szene 15

Das graue Zimmer in der Schubhaft.

Ivan:

„So hab' ich mich mit Ahmed angefreundet. Ich weiß selber nicht, wie es dazu gekommen ist. Mein Bein war nicht wirklich gebrochen, offensichtlich war es nur ein Muskelriss. Ich konnte aber sehr lange nicht mit dem Fuß auftreten. Ahmed hat die ganze Zeit für mich gesorgt. Wir haben uns im Wald versteckt. Ahmed ging manchmal weg, um etwas zu essen zu holen. Die Bauer haben ihm etwas gegeben, sie wussten nicht, dass er sich im Wald zusammen mit einem Russen versteckt. Manchmal brachte er sogar ein wenig Wodka mit, das half uns gegen nächtliche Kälte. Das Schlimmste war nicht der Hunger, sondern die Kälte. Ahmed hätte mich verlassen können... Oder sogar töten. *(Ivan verstummt, und spricht später weiter)*. Niemand darf wissen, dass er mir geholfen hat. Mir ist es egal. Aber für Ahmed kann das gefährlich werden. Die Tschetschenen..."

Katrin:

„Deswegen machen Sie sich keine Sorgen. Alles, worüber wir miteinander reden, bleibt unter uns. Es geht nirgendwohin nach draußen. In Ihrem Interesse nur sollten sie aber nur die Wahrheit erzählen."

Ivan:

„Ich habe nichts zu verbergen. Von mir aus kann ich gern alles erzählen. Es ist mir egal. Ich bin sowieso ein Verräter. Es gibt nichts, worauf ich stolz sein kann. Ich habe meine Leute verraten.

Katrin *(offiziell)*:

„Eigentlich bin ich gekommen, um Ihnen mitzuteilen, dass Ihr Asylantrag zur Anhörung angenommen wurde. In ein paar Tagen bekommen Sie einen Platz in einem Flüchtlingswohnheim."

Ivan *(fröhlich)*:

„Danke. Und Ahmed? Ohne ihn gehe ich nirgendwohin. Wir sind jetzt Brüder."

Katrin:

„Bei Ahmed läuft auch alles gut."

Szene 16

Ivan kommt zurück in die Zelle. Mit fröhlichem Gesicht schaut er Ahmed an. Heimlich zeigt er ihm einen gehobenen Daumen.

Kadyr *(misstrauisch)*:

„Wieso freust du dich? Hast Du vielleicht eine Million gewonnen?"

Ivan:

„Habe ich! Soll ich denn weinen? Ich bin immer froh."

Kadyr:

„Lachen ohne Grund… Du bist wirtlich Ivanuschka der Narr."

Ivan:

„Ugu! Vergiss nicht, Ivanuschka ist immer der Sieger am Ende jedes Märchens. Der Narr ist nicht blöd…"

Mikola *spielt etwas auf der Gitarre. Ivan singt mit einer hohen Jugendstimme das Lied von Wyssozkij:*

> Мерцал закат, как блеск клинка.
> Свою добычу смерть считала.
> Бой будет завтра, а пока
> Взвод зарывался в облака
> И уходил по перевалу.
> Отставить разговоры!
> Вперед и вверх, а там…
> Ведь это наши горы!
> Они помогут нам!
> А до войны вот этот склон
> Немецкий парень брал с тобою!
> Он падал вниз, но был спасен,
> А вот сейчас, быть может, он
> Свой автомат готовит к бою. [6]

---

[6] Übersetzung: Es flimmert der Sonnenuntergang wie der Glanz einer Klinge. Der Tod zählt seine Beute. Der Kampf kommt morgen, jetzt aber geht die Truppe den Weg nach oben bis zu den Wolken, über den Pass. Seid still! Vorwärts und nach oben! Das sind unsere Berge, sie werden uns helfen! Vor dem Krieg ist ein deutscher Bursche mit dir über diesen Fels gegangen. Er ist abgestürzt, und du hast ihn gerettet. Kann sein, dass jetzt er sein Gewehr für den Kampf bereit macht.

Kadyr gefällt das Singen nicht. Er nimmt eine Kampfpose ein und will auf Ivan losgehen.
In diesem Moment öffnet sich die Tür.

Der erste Wachmann:
„Gemma in Hof. Spazier'n!"

Die Häftlinge stehen auf, einer nach dem anderen verlassen sie gehorsam die Zelle.
In der Zelle bleibt nur die verlassene Gitarre allein an der Wand stehen.

AKT II

Szene 1

Zimmer im Flüchtlingsheim. Ahmed sitzt auf einem der vier Betten. Er liest laut und langsam aus dem Deutschlehrbuch.

Ahmed:
„Guten Tag! Wie geht es Ihnen? Danke! Es geht mir gut!"

Ivan kommt. Er hat ein abgetragenes kleines Akkordeon in der Hand.

Ahmed:
„Was hast du denn da? Wo hast du die Ziehharmonika her?"

Ivan:
„Ich habe ein Schwimmbad bei den Österreichern gereinigt. Dann wollten sie, dass ich auch im Keller aufräume. Sie wollten dieses Instrument wegwerfen.

Ahmed:
„Haben sie dich für die Arbeit bezahlt? Oder ist das deine Bezahlung?"

Ivan:
„Sie haben mir fünfundzwanzig Euro gegeben."

Ahmed:
„Für wie viele Arbeitsstunden?"

Ivan:
„Das ist nicht wichtig. Es ist besser, als gar nichts."

Ivan nimmt eine Tafel Schokolade aus der Tasche und gibt sie Ahmed. Ahmed packt die Schokolade gierig aus und gibt Ivan die Hälfte davon zurück."

Ivan:
„Nein, danke. Meine habe ich unterwegs gegessen."

Ivan nimmt zwei Zehner aus der Tasche und gibt sie Ahmed.

Ahmed *(verlegen)*:

„Nein. Danke. Das ist nicht notwendig, das sind deine."

Ivan:

„Red' keinen Blödsinn! Wir sind doch Brüder!"

Ahmed:

„Also, gut. Danke. Scheiße..."

Ivan:

„Scheiße, Scheiße! Aus welchem Wörterbuch hast du das Wort?"

Ivan setzt sich auf das Bett und versucht, auf dem Akkordeon zu spielen.

Ivan *(verstimmt)*:

Ich weiß nicht, wie ich das wieder stimmen kann."

Ahmed:

„Ich bin auch verstimmt."

Ivan:

„Warum denn?"

Ahmed:

„Die Trauer macht mich fertig. Ich vermisse meine Mutter. Und noch mehr vermisse ich mein Mädchen. Sie hat mich wohl schon vergessen."

Ivan:

„Nein, wenn die Liebe echt ist, hat sie dich nicht vergessen."

Ahmed:

„Und dein Mädchen?"

Ivan:

„Ich habe keines. Eine aus unserem Dorf hat mir gefallen, aber sie geht mit einem anderen."

Ahmed:

„Hm … Dann ist sie eine Närrin."

Ivan:

„Nein, sie ist keine Närrin. Ich bin ein Dummkopf."

Ivan spielt ein wenig, dann hält er abrupt inne.

Ivan:
„Hör zu, Ahmed, warum hast du mich damals nicht getötet? Wir waren doch Feinde. Das heißt, wir haben gegeneinander gekämpft."

Ahmed (*antwortet nicht sofort*):
„Du wolltest meine Brüder nicht töten, warum sollte es mir anders gehen?"

Ivan:
„Ja... Kadyr hätte sich von nichts abhalten lassen."

Ahmed:
„Richte nicht über Kadyr. Seine Geschichte ist anders. Er hat seine ganze Familie verloren. Eine russische Bombe..."

Szene 2

Es klopft an der Tür. Dmitrij kommt herein.

Ivan (fröhlich):
„Wo kommst du denn her? Hat man dich auch entlassen?"

Dmitrij:
„Ja, natürlich! Ich bin doch aus politischen Gründen hier! Und das ist wahr! Ich werde nie jemanden für dumm verkaufen. Ich weiß, dass andere viele Geschichten erfinden, um hier bleiben zu dürfen. Ich sage nur die Wahrheit!"

Ivan (*lachend*):
„Ahmed und ich sind auch politische Flüchtlinge."

Dmitrij (*bissig, aber auch fröhlich*):
„Was gibt es da zu lachen?"

Ahmed:
„Hast du auch einen Platz hier im Wohnheim bekommen?"

Dmitrij:
„Ja, im vierten Stockwerk. Wie ist hier das Futter?"

Ivan:

„Es geht. Kann man essen. Besser als gar nichts. Ein Dach über dem Kopf ist auch etwas. Wir verdienen schwarz ein wenig dazu. Heute habe ich ein Schwimmbad gereinigt."

Dmitrij:

„Ja, vierzig Euro Taschengeld reicht nicht einmal für Zigaretten."

Ivan:

„Wir, Dsimitryj, so nennt man dich im Weißrussland, nicht wahr, rauchen nicht mehr. Beide gleichzeitig aufgehört."

Dmitrij *(neidisch)*:

„Ihr macht alles zusammen! Ich kann aber nicht. Ich habe ein paar Mal versucht, hab' es aber nicht geschafft."

Ahmed:

„Was ist mit den anderen Kameraden?"

Dmitrij:

„Meinst du Kadyr und Bacha?"

Ahmed:

„Ja. Und die anderen. Scheiße!"

Dmitrij:

„Kadyr und Bacha wurden auch entlassen. Ich weiß nicht, wo sie einen Platz bekommen haben. Vielleicht irgendwo… Du weißt doch, wie man hier die alleinstehenden Burschen behandelt. Familien haben es gut, sie kriegen alles und das sofort auf dem Silbertablett. Aber wenn du jung und ein Mann bist, glaubt jeder, du bist ein Dieb."

Ahmed:

„Was ist mit Mikola?"

Dmitrij:

„Mikola wurde in einen Zug gesetzt und nach Hause geschickt. Zuerst wollten sie ihn in ein Flugzeug verfrachten, er hat aber so ein Theater gespielt! Er ist wirklich ein echter Künstler! Als ob er eine Panikattacke bekam, als ob er sich wirklich fürchtete, in ein Flugzeug zu steigen."

Ahmed:

„Vielleicht hat er sich wirklich gefürchtet?"

Dmitrij:
„Blödsinn! Er hat uns selber erzählt, er wolle, dass man ihn in den Zug setzt. Dann würde ein Polizist ihn nur bis zur österreichischen Grenze begleiten, und weiter heißt das, mache, was du willst. Heute sind die Grenzen nicht mehr das, was sie einmal waren. Mikola hatte vor, von Polen nach Norwegen zu fahren, um dort das große Geld zu verdienen. In Norwegen ist alles teuer, die Löhne sind auch dementsprechend gut. Also... Es wird auch den Straßenmusikern großzügiger gespendet. Das, was er in Oslo in einem Sommer verdienen würde, ist in der Ukraine ein Vermögen wert. Für dieses Geld kann er ein halbes Tonstudio kaufen."

Ivan:
„Vielleicht sollten wir auch nach Norwegen ziehen?"

Dmitrij:
„Zu spät. Im Vereinten Europa schickt man euch per Post sofort zurück nach Österreich. Am besten ist es in Norwegen, dort ist aber nur der Sommer schön. Im Winter... ist es dunkel."

Ahmed (skeptisch, schaut ins Fenster):
„Und bei uns hier ist es vielleicht heller?"

Ivan:
„Was ist mit dem Georgier geschehen?"

Ahmed:
„Der hatte einen guten Anwalt, also, er wurde auch entlassen. Stellt euch vor, ich habe ihn gestern getroffen, er war mit seinem Freund unterwegs. ihr werdet jetzt lachen: Sein Freund war auch in Leoben, in der Strafanstalt. Raubüberfall. Als er entlassen wird, kommt er zur Caritas, da er eine Unterkunft braucht. Man schaut dort im Computer nach und sagt ihm, dass er inzwischen Asyl bekommen hat. Also er kriegt jetzt einen Konventionspass und Siebenhundert Sozialhilfe monatlich. Also, man sollte ein Krimineller sein, um hier etwas zu bekommen!"

Ahmed (*während alle lachen, bleibt allein er unbeeindruckt*):

„Kannst du Deutsch?"

Dmitrij:

„Ein wenig. Ich lerne sehr langsam."

Ahmed:

„Ich lerne auch. Ich wollte einen Kurs machen, es gibt aber für mich keine kostenlosen Kurse."

Dmitrij:

„Hm, ich kenne Tschetschenen, die seit zehn Jahren in Österreich leben und noch immer kein Deutsch sprechen."

Ahmed *(als ob er nicht gehört hätte)*:

„Ein Fernseher könnte helfen. Ich würde mir nur die deutschsprachigen Programme anschauen. Wir haben aber kein Geld."

Ivan:

„Vielleicht schenkt uns jemand einen... Man hat mir ein Akkordeon geschenkt!"

Dmitrij:

„Wie lebt es sich hier?"

Ivan:

„Du siehst ja selber! Man könnte vor Langeweile verrecken. Keine Arbeitsbewilligung, kein Beruf, kein gar nichts! Kein Geld, kein Job! Wann unser Asylantrag entschieden wird, weißt nur Allah alleine!"

Dmitrij (sehr ernst):

„Warum Allah?"

Ivan:

„Das heißt Gott!"

Dmitrij:

„Und warum sagst du Allah."

Ivan:

„Es ist ein Sprichwort. Gott und Allah, das ist dasselbe."

„ **Dmitrij:**

„Was du nicht sagst..."

Ivan:

„Viele warten so wie wir. Bis dahin haben wir in diesem Land weniger Rechte als Pferde oder Hunde. Wenn ich nur einen Job hätte... Es nicht verwunderlich, wenn man auf blöde Gedanken kommt. Wenn man nichts zu tun hat..."

Dmitrij:
„Kann man Schwarz arbeiten?"

Ivan:
„Ja und Nein. Es gibt kaum Jobs für uns. Achmed und ich bekommen ab und zu etwas auf dem Bau... Man muss aber den ganzen Tag zittern, ob man nicht erwischt wird..."

Szene 3

Erholungsraum im Flüchtlingsheim, der auch das Esszimmer ist.
Auf der Tischkarre an der Wand stehen große Kochtöpfe.
Der Raum ist sauber, aber armselig.
An den Tischen sitzen Männer und Frauen, eher getrennt.
Ahmed und Ivan essen.
Zwei Frauen kommen herein. Sie nehmen aus den Kochtöpfen etwas zu essen und gehen in ihre Zimmer zurück.
Ein Angestellter der Lieferfirma kommt herein. Er will die Kochtöpfe mit den Resten des Essens abholen.

Ivan:
„Warte, es haben noch nicht alle gegessen!!"

Der Angestellte *(unfreundlich, schaut auf die Uhr)*:
„Das geht mich nichts an!!

Ivan geht auf ihn zu und schiebt ihn fast mit Gewalt zur Seite. Er gibt das Essen auf einen großen Teller und stellt den Teller auf den Tisch!
Der Angestellte führt die Tischkarre fort.
Dmitrij kommt und setzt sich zum Tisch.

Dmitrij:
„Ist das für mich?"

Ahmed:
„Bedanke dich bei Ivan. Er hat deinen Teller erkämpft."

Dmitrij:
„Was heißt erkämpft?"
Ahmed:
„Ja. Er hat mit diesem Typ beinahe gerauft. Sie halten uns für keine Menschen!"
Dmitrij:
„Leute, ich hätte heute gerne was getrunken!"
Ivan:
„Ja, es wäre nicht schlecht. Aber erst am Abend. Ich habe drei Euro. Für eine Flasche Wein reicht es. Oder für zwei Tetra Packs."
Dmitrij:
„Dieses saure Zeug…"

An einem Tisch sitzen zwei Frauen und ein Mädchen, ungefähr sechs Jahre alt. Die Frauen haben schon gegessen. Auf dem Tisch stehen eine Porzellanteekanne und drei Tassen. Die Mutter des Mädchens hat eine Serviette in der Hand, sie entfaltet sie und wir sehen zwei Teebeutel und einige Stückchen Zucker. Sie legt die Teebeutel in die Teekanne, und die Serviette mit dem Zucker schiebt sie in die Mitte des Tisches. Das Mädchen nimmt sofort zwei Stückchen, eines steckt sie sich in den Mund, das zweite hält sie in der Hand.

Liya:
„Salima, warum gibst du dem Kind Zucker? Du weißt doch, dass man Zucker und Salz weißes Gift nennt!"
Salima:
„Liya, lass mich bitte in Ruhe. Ich weiß nichts davon. Wenn wir uns schon gar nichts gönnen können, keine Tafel Schokolade, soll mein Kind wenigstens ein Stückchen Zucker essen dürfen."
Liya *(noch aggressiver)*:
„Aber du weißt, dass es gesundheitsschädlich ist!"

Das Mädchen schaut verwirrt zuerst auf die Mutter, dann auf Liya.

Salima (gereizt):
„Was für eine Angewohnheit! Warum mischst du dich immer in die Angelegenheiten anderer Leute ein?!"

Liya:
„Weil es mir in der Seele wehtut, verstehst du das denn nicht? Du weißt doch, dass ich ein gebildeter Mensch bin. Ich habe als Journalistin gearbeitet. Ich habe viel gelesen. Deswegen weiß ich sehr gut, was schädlich und was gesund ist. Du verwöhnst dein Kind zu sehr."

Salima:
„Hört zu, du Journalistin! Unsere Armut scheißt auf deine Bildung. Verstehst du? Ich bin froh, wenn mein Kind einfach satt ist. Geh lieber und schreib noch ein Gedicht, aber lass uns in Ruhe!"

Liya *(beleidigt)*:
„Ja, ich bin eine Dichterin, da gibt es nichts zum Lachen!"

Salima:
„Ha, Dichterin! Wenn du eine Dichterin bist, dann schreib deine Gedichte, statt dich überall einzumischen!"

Liya will etwas antworten, aber sie kann kein Wort herausbringen. Vor Empörung geht ihr die Luft aus. Dann springt sie auf, packt die Serviette mit dem Zucker und wirft alles in den Mülleimer. Salima wirft sich auf Lija, ihre Hände fahren ihr in die Haare. Liya ergreift die Hände von Salima, aber Salima ist kräftiger. Wut verleiht ihr neue Kraft.

Liya und Salima reißen sich gegenseitig die Haare aus. Die Frauen kreischen. Das Kind drückt sich ängstlich in die Ecke. Männer lachen.

Nach ein paar Minuten ergreifen zwei Männer doch die Initiative. Sie kommen auf die Frauen zu und packen sie an den Händen.

Der erste Mann:

„ Loslassen!"
Der zweite Mann:
„Loslassen!"

Szene 4

Günther, der Direktor des Flüchtlingsheimes kommt herein. Er ist ein junger Mann mit herrischem Blick.

Günther:
„Was ist passiert?"

Die Frauen versuchen gleichzeitig ihre Versionen zu erzählen, daher kann man kein Wort verstehen.

Günther:
„Geht in eure Zimmer und kein Streit mehr! Klar? Morgen reden wir darüber."

Salima nimmt die Hand ihrer Tochter. Beide Frauen, immer noch rot im Gesicht und böse, verlassen mit gesenkten Blicken den Raum.
Der Direktor geht zwischen den Tischen auf und ab. Das Geschirr ist schon abgeräumt.
Manche spielen Tischspiele oder Karten, jemand sitzt auf der Couch und liest ein Buch.

Günther *(freundlich):*
„Also, wie geht es?"
Der erste der Flüchtling:
„Es geht."
Günther:
„Und dir?"
Der zweite Flüchtling:
„Alles paletti."
Günther:

„Und wie geht es euch?"

Ivan (*antwortet für alle drei*):

„Wie soll es uns gehen? Hättest du vielleicht einen Job für uns?"

Günther:

„Hast du in diesem Monat schon einen Tag die Carla gehabt?

Ivan:

„Nein. Habe ich nicht. Nicht in diesem Monat. Keiner von uns."

Günther:

„Gut, ich schaue nach."

Der Direktor geht weiter.

Ahmed (*zu Dmitrij*):

„Carla, das ist ein Lagerhaus von der Caritas. Man kann dort zwanzig Euro am Tag verdienen. Kisten schleppen und so was."

Dmitrij:

„Nur ein Tag pro Monat?"

Ivan:

„Genau genommen nur vier Stunden. Man zahlt uns fünf Euro pro Stunde. Jeden Tag hat jemand anderer den Job. Damit jeder was davon abkriegt."

Sie spielen weiter.

Szene 5

Zwei Frauen kommen herein und setzen sich auf die Couch.

Anusch:

„Mein Töchterchen ist mit meiner Schwester in Krasnodar geblieben. Ich habe sie seit zwei Jahren nicht gesehen. Sie ist wahrscheinlich inzwischen gewachsen, sodass ich sie kaum erkennen würde."

Tränen fließen aus ihren Augen, sie wischt sie mit einer Papierserviette ab.

Mariam:
„Du kommst aus Krasnodar?"
Anusch:
„Nein, ich bin Armenierin. Mein Mann war Aserbaidschaner. Damals war das okay. Damals hat das keinen gewundert. Also ist mein Töchterchen nur zur Hälfte eine Armenierin. Mein Mann war ein sehr guter Mensch. Dann kam der Krieg. Wir lebten in Nagornyj Karabach. Wer hätte damit gerechnet? Die Armenier haben meinen Mann zerfetzt. Mir und meinem Töchterchen gelang es, nach Baku zu fliehen, zu Verwandten meines Mannes. Dort aber warfen die Nachbarn Steine in unsere Fenster. Meine Tochter kam vom der Schule nach Hause mit blauen Flecken im Gesicht und auf den Schultern. Aserbeidschanische Kinder haben sie als Feind betrachtet, weil ihre Mutter eine Armenierin ist. Es wurde immer schlimmer, man hat gedroht, uns zu töten.

Dann kamen wir nach Armenien zu meiner Schwester. Sie lebte in dem Häuschen, das unsere Mutter uns vererbt hatte. Als ich mein Töchterchen in die Schule gebracht habe, hat die Lehrerin uns als erstes zu einer Gedenktafel geführt. Da waren Fotos von ehemaligen Schülern zu sehen. Sie sagte:„Schau dir das gut an. Diese unsere Jungen wurden von Aserbeidschanern getötet! Und du wagst es, mit deinem aserbeidschanischen Bastard hierher zu kommen!" Sie hat mich angeschaut, als ob sie wirklich glaubte, dass ich oder mein Mann diese Jungen getötet hätten.

Was sollte ich tun?
Wir hatten keinen Platz mehr, wo wir bleiben konnten...
Die Tochter ist wieder jeden Tag mit den blauen Flecken aus

der Schule gekommen. Man hat sie geschlagen, nur weil ihr Vater ein Aserbaidschaner war. Später, einmal in der Nacht..."

Anusch unterbricht ihre Erzählung. Sie weint.

Mariam:
„Was ist dann passiert?"
Anusch:
„Meine Kleine ist gerade vom Bett aufgestanden, sie sollte auf die Toilette. Gewöhnlich stand sie niemals in der Nacht auf, diesmal war es so, als ob ihr Schutzengel auf sie aufgepasst hätte. Gerade in diesem Moment ist ein Stein ins Fenster hineingeflogen. Er landete direkt auf ihrem Kissen. Wir schliefen in selben Bett. Ich bin aufgesprungen und ins Badezimmer gelaufen. Die Schwester wurde auch wach. Dann sind weitere Steine durchs Fenster geflogen. Wir hörten von der Straße Beschimpfungen und Drohungen: „Verschwindet von hier, ihr aserbaidschanischen Dirnen, man hat euch nicht hierher gerufen!". Wir waren steif von Angst. Dann wurde alles wieder ruhig.
Wir haben sofort ein paar Sachen gepackt und sind weggelaufen. Ich weiß nicht mehr, wie wir später nach Krasnodar gekommen sind. Meine Schwester hat als Kellnerin gearbeitet. Mir hat sie gesagt, ich solle mein Glück im Ausland versuchen. Wenn ich das schaffe, werde ich dann auch die beiden zu mir holen. Meine Schwester ist älter als ich, also bin ich ihrem Rat gefolgt. Wir hatten sowieso nichts zu verlieren.
Und jetzt, ohne mein Töchterchen, bin ich ganz krank geworden. Ich vermisse sie so sehr. Ich denke nur an sie."
Beide schweigen lange.

Mariam (*sehr traurig*):
„Ich habe keine Kinder."
Anusch (*ein wenig beruhigt*):

„Bist du verheiratet?"

Mariam:

„Ich weiß nicht. Ich war es."

Anusch:

„Wie meinst du das?"

Mariam:

„Mein Mann ist Armenier, ich bin aber nur Halbarmenierin. Meine Mutter war Aserbaidschanerin. Das habe ich nicht gewusst, da ich meine Eltern als Kind verloren habe und von einer armenischen Familie adoptiert wurde. Ich wusste selber nicht, dass meine leibliche Mutter keine Armenierin war. Dass hat später meine Schwiegermutter ausgegraben.

Ich und mein Mann, wir liebten uns. Nur eines hat unser Glück getrübt: ich kann keine Kinder kriegen. Als meiner Schwiegermutter das klar wurde, hat sie von ihrem Sohn verlangt, dass er sich von mir scheiden lassen solle. Mein Mann wollte das aber nicht. Er sagte, dass er das niemals tun würde.

Als der Krieg in Nagornyj Karabach ausgebrochen ist… Tja… Meine Schwiegermutter hat angefangen, allen Nachbaren über meine wirkliche Herkunft zu berichten. Ich meine, dass ich eine Halbaserbaidschanerin wäre. Nur du kannst dir vorstellen, welchen Hass die Nachbarn für mich empfunden haben! Man hat mich ständig beschimpft.

Einmal gingen wir mit meinem Man vom Kino nach Hause… Unterwegs wurden wir auf der Straße überfallen. Drei Burschen hatten es eigentlich auf mich abgesehen. Sie haben mich beschimpft und immer wieder gestoßen. Mein Mann hat mich in Schutz genommen, dann haben sie auch ihn geschlagen. Sie hätten uns vielleicht getötet. Die Rettung kam von einem Hund. Das war ein riesengroßer Wolfshund von unseren Nachbarn, er fing an zu bellen und hat sich mit Vorderpfoten auf das Tor geworfen. Es war aber nicht verschlossen, so lief der Hund auf die Straße. Wir haben uns an den Zaun gedrückt während die Angreifer weg liefen. Der Hund lief ihnen nach.

Am nächsten Tag sagte mein Mann, dass wir wegfahren. Die Schwiegermutter hat angefangen laut zu schreien, er hat aber nicht auf sie gehört. Wir zogen weg. Das ist aber eine lange Geschichte. Unterwegs haben wir uns verloren. Ich blieb bei meinen Bekannten in Sochi, und mein Man fuhr nach Sewastopol, um dort ein Job zu finden. Ich konnte auf ihn nicht so lange warten und fuhr ihm nach. Er ist aber in der Zwischenzeit schon nach Sochi zurück gefahren. Ich weiß, dass er mich liebt! Ich spüre das. Vielleicht ist er zu seiner Mutter zurückgekehrt…"

Beide Frauen wischen sich die Tränen ab.

Szene 6

Jana kommt herein. Sie ist klein, ihr Gesicht ist rund, sie hat Sommersprossen. Jana ist eine Moldawien. Ihr Blick gleitet über die Anwesenden. Sie setzt sich zu Anusch und Mariam.

Jana:
„Ihr seid so traurig. Ich vermisse auch mein Zuhause."

Ivan reißt die Augen vom Spiel los und schaut Jana an. Es scheint, er wird sogar rot im Gesicht. Ahmed stößt ihm mit dem Ellbogen in die Rippen.

Ahmed:
„Was, gefällt sie dir?"
Ivan *(gutmütig)*:
„Lass mich in Ruhe."
Dmitrij:
„Lass mich in Ruhe!". Bei Euch sind sogar euren Namen ähnlich, Ivan und Jana. Wie in einem Märchen. Gehe, rede mit ihr!"
Ivan:

„Ich weiß selbst, was ich tun soll!"

Jana steht auf und geht zum Teetisch. Sie gießt ein bisschen Tee aus der Thermoskanne in die Tasse und setzt sich zu einem freien Tisch. Sie nimmt ein Bonbon aus der Tasche.
Der Raum ist schon fast leer.
Die Armenierinnen gehen zusammen weg.
Die Burschen beenden das Spiel und sind auch im Begriff wegzugehen.

Ivan:
„Ich bleibe noch…"

Dmitrij und Ahmed zwinkern ihm zu und gehen weg.
Ivan nimmt sich auch eine Tasse Tee und setzt sich zu Jana.

Ivan:
„Darf ich?"
Jana:
„Ja! Schade, dass ich nur ein Bonbon hatte. Und das habe ich schon aufgegessen."
Ivan:
„Macht nichts. Ich kaufe für dich neue Bonbons."
Jana:
„Gelingt es dir, etwas dazu zu verdienen?"
Ivan:
„Ja. Und dir?"
Jana:
„Dir sage ich die Wahrheit. Erzähl es aber ja nicht weiter! Ich bin überhaupt nur hier, um Geld zu verdienen."
Ivan:
„Und dann? Wieder nach Hause?"
Jana:
„Ich denke schon. Eine meine Nachbarinnen hat in Wien gearbeitet. Sie hat Wohnungen geputzt. Mit diesem Geld hat sie sich in Moldawien ein Haus mit dem Schwimmbad

bauen lassen. Das will ich auch. Du weißt, die Preise sind bei uns anders."

Ivan:

„Wie kommst du hierher?"

Jana:

„Es gibt viele Schlupflöcher, wenn man will, findet man sich immer was. Meine Nachbarin hat mir beigebracht, wie man das machen kann. Ich habe sowieso keine Chancen auf den positiven Asylbescheid, Armut gilt nicht als ein Asylgrund. Zum Glück arbeiten die österreichischen Beamten sehr langsam, Gott segne sie. Manchmal warten die Flüchtlinge bis zu zehn Jahre auf einen Bescheid. Mir passt das sehr gut. Ich putze Wohnungen. Meine Nachbarin hat mir mit der Kundschaft geholfen. Schau, ich vertraue dir. Nur dir. Sag das niemandem!"

Ivan (*geschmeichelt*):

„Wem sollte ich es sagen? Du weißt ja, hier hat jeder seine eigenen Leichen im Schrank."

Ivan und Jana schauen einander in die Augen. Sie gefallen einander.

Ivan:

„Gehen wir spazieren? Das Wetter ist wunderschön!"

Jana:

„Leider kann ich jetzt nicht. Ich muss zur Arbeit. Morgen Nachmittag bin ich frei."

Ivan:

„Dann bis morgen!"

Szene 7

Ahmed liegt auf dem Bett und liest einen Brief.
Ivan kommt herein.

Ivan:

„Von wem ist der Brief?"

Ahmed:

„Von meiner Braut."

Ivan:

„Hat sie dich doch gefunden?"

Ahmed:

„Ich habe ihr geschrieben. Ich habe einen anderen Namen verwendet, sie hat aber alles sofort verstanden. Günther hat mir erlaubt, seinen Namen und seine Adresse zu verwenden."

Ivan:

„Wissen deine Verwandten, dass du hier bist?"

Ahmed:

„Nur die Mutter weiß, dass ich am Leben bin. Ich hab sie aus der Telefonzelle angerufen. Sonst wäre sie noch verrückt geworden vor Sorge."

„Ich kann meine Mutter nicht anrufen, bei uns gibt es kein Telefon."

Ahmed:

„Du kannst aber die Dorfverwaltung anrufen."

Ivan:

„Gute Idee! Ich weiß die Telefonnummer nicht..."

Ahmed:

„Wir gehen zur Post..."

Ivans Gesicht wirkt traurig. Er liebt seine Mutter sehr.

Ivan:

„Was sollen wir hier weiter tun? In diesem fremden Land. Auch wenn wir einen positiven Bescheid kriegen sollten... Würdest du deine Braut heiraten können?"

Ahmed:

„Ich denke nach. Vielleicht finde ich eine Lösung. Sie wartet auf mich, nur das zählt."

Ivan:

„Aber wann? Diese verdammten Beamten arbeiten so langsam. Und wir können nichts dagegen tun."

Ahmed:
„Ach ja, morgen haben wir den Job auf dem Bau…"

Ivan:
„Und den ganzen Tag zittern, was wenn sie uns erwischen…"

Ahmed:
„Was haben wir zu fürchten? Wir sind mittellos. Soll sich die Baufirma den Kopf zerbrechen."

Ivan:
„Haben wir das Geld für die Fahrkarten?"

Ahmed:
„Haben wir nicht. Macht nichts! Ich habe ausgerechnet: die Kontrolleure kommen nicht wirklich oft, also, wenn man oft genug fährt, wäre es sowieso günstiger, die Strafe zu zahlen, als Tickets zu kaufen."

Szene 7

Es klopft an der Tür. Dmitrij kommt herein. Er hat einen Rucksack mit.

Dmitrij:
„Günther hat mir erlaubt, zu euch zu ziehen!"

Ivan:
„Das freut mich!"

Ahmed:
„Prima!"

Dmitrij nimmt das dritte Bett ein. Das vierte Bett bleibt frei.

Ivan:
„Was meint Ihr, kommt noch jemand zu uns?"

Dmitrij:
„Wie lange stehen diese Betten schon frei?"

Ivan:

„Nicht lange. Erst seit drei Tagen. Gute Orte bleiben aber niemals frei."

Dmitrij:

„Wer hat vorher hier gewohnt?"

Ivan:

„Zwei Algerier. Gute Burschen, aber... Sie sprechen nur französisch. Noch dazu waren sie superreligiös. Das heißt, muslimisch. Du weißt, wir trinken nicht oft, aber manchmal braucht man das. Mir haben sie nichts gesagt, ich gehöre, sozusagen, zu einem anderen „Klub", Ahmed aber... Sie sind ihn ständig auf den Sack gegangen. Um seine Seele haben sie sich große Sorgen gemacht. Schließlich hat der Günther die beiden in ein anderes Stockwerk verlegt."

Dmitrij *(nimmt eine Flasche billigen Wein aus dem Rucksack)*:

„Ja. ich verstehe."

Ahmed:

„Nicht jetzt. Trinken wir am Abend. Jetzt will ich nichts."

Ivan *(schaut auf die Uhr)*:

„Ich muss gehen."

Dmitrij *(steckt die Flasche enttäuscht zurück in den Rucksack)*:

„Wie Ihr wollt!"

Szene 9

Ivan und Jana sitzen im Park auf einer Bank.

Ivan:

„Danke, dass du gekommen bist."

Jana:

„Ich bin froh, dass du mich gefragt hast."

Ivan:

„Du gefällst mir so sehr! Schon seit langem."

Jana:

„Und du mir."

Ivan:

„Was habe ich denn so Besonderes? Ich weiß, dass ich nicht hübsch bin…"

Jana:

„Was weißt du schon davon? *(Schweigt kurz)*. Ich hab einmal über die berühmten Filmstars gelesen, über die richtig schönen. Niemand liebt sie tatsächlich. Ihre Männer betrachteten sie nur als Trophäen. Sie selbst haben auch kaum jemanden richtig geliebt, weil sie zu sehr mit ihrem Aussehen beschäftigt sind. Für eine andere Liebe gibt es bei ihnen keinen Platz mehr. Das ist aber nicht alles. Obwohl die ganze Welt glaubt, dass sie die Schönsten sind, sind sie selber mit ihrem Äußeren so unzufrieden, dass sie sich sogar operieren lassen. *(Schweigt wieder kurz)*. Ich bin mit mir selbst zufrieden, ich weiß, dass ich vielleicht nicht die Schönste bin, dafür bin ich aber hübsch genug. Du siehst auch gut aus.

Ivan (begeistert):

„O ja, du bist sehr hübsch! Ich wollte das dir schon seit langem sagen, aber du weißt das ja selbst…"

Jana:

„Wenn man oft lacht, ist man hübsch! Gute Laune macht Menschen schön. Egal was passiert, ich versuche mich selbst dafür nicht zu hassen. Ich weiß genau, dass der gütige Gott mich niemals im Stich lassen wird. Wenn ein Mensch immer gut gelaunt ist, freut sich Gott auch für ihn. Dein Lächeln ist sehr heiter. Sogar wenn es anscheinend nichts zum freuen gibt, lächelst du dennoch. Die Freude lebt in dir drinnen. Im mir auch. Ich glaube, wir passen gut zueinander."

Ivan:

„Weißt du, was der Name Ivan bedeutet?"

Jana:

„Nein, weiß ich nicht."

Ivan:

„Das bedeutet „Gottesgeschenk! Jana und Ivan sind ein und derselbe Name. „

Jana:

„Gehst du manchmal in die Kirche?"

Ivan:

„Meine Mutter nahm mich früher mit. Als ich noch klein war. In Wien gehe ich oft in die katholischen Kathedralen. Ich bete nicht, ich sitze einfach da. Mir gefällt es, die Ikonen anzuschauen. Meine Seele wird dann so ruhig…"

Jana:

„In Wien gibt es eine russische und eine ukrainische Kirche. Bald ist Ostern! Zur Ostern gehen wir unbedingt in die Kirche. Kommst Du mit?"

Ivan:

„Habe nichts dagegen."

Jana:

„Die Ostermärkte in Wien sind sehr schön. Bei uns gibt es so etwas nicht. Es ist so lustig!"

Ivan:

„Was gibt es Lustiges, wenn du doch nichts kaufen kannst?"

Jana:

„Schauen zu dürfen ist auch was Gutes. Das Geld habe ich, ich spare aber fürs Haus. Ich helfe auch meinen Eltern. Sie haben eine winzige Rente, es reicht kaum für Brot."

Szene 10

Ivan und Jana gehen die Stände des Ostermarktes entlang. Da verkauft man bemalte Eier, Kunstblumen, selbstgemachten Schmuck, lustige Hüte, Käse und Fruchtliköre.

Ivans Hand liegt auf Janas Hüfte. Er will sie auf die Wange küssen, sie wendet sich aber ab. Später will sie ihn küssen, aber jetzt lässt Ivan sie abblitzen. Sie spielen miteinander wie die jungen Hunde. Sie lachen. Die Passanten schauen sie an. Manche lächeln, andere sind empört.

Ivan kauft ein bemaltes Ei mit einem blauen Band. Die Verkäuferin legt es in eine Tüte. Ivan streckt die Tüte Jana hin.

Ivan:

„Das ist für dich."

Jana *(verlegen)*:

„Ach! Das ist wunderschön. Das wäre aber nicht nötig, du hast ja so wenig Geld."

Ivan:

„Macht nichts. Irgendwann werde ich dir richtige Geschenke machen."

Jana:

„Bei uns bemalt man auch die Eier sehr schön.

Ivan:

„Bei uns tut man das sehr selten. Wir färben sie einfach. Ostern ist sehr schön bei uns. Alle gehen spazieren, jeder küsst jeden. Das war auch zu sowjetischen Zeiten so."

Jana:

„Bei uns wird Ostern auch immer groß gefeiert. Das Wetter ist zu Ostern auch immer sehr schön. Mit meiner Mutter baken wir Osterkuchen... Auf der Straße spielt man miteinander Eiern schlagen „wenn dein Ei fester ist, als das der anderen, gewinnst du, wenn aber dein Ei zerbricht, muss du ihn dem Gewinner abgeben. Der nimmt seinen Gewinn nach Hause, dann kann man einen Eiersalat machen."

Ivan:

„Ist es nicht schade um schön bemalte Kunstwerke?"

Jana:

„Nein! Nächstes Jahr machen wir neue. So ist das Leben."

Sie gehen weiter.
Wir sehen ihre sich entfernenden Rücken in der Parkallee. Sie bleiben stehen, drehen sich zueinander und küssen sich lang und innig.

Szene 11

Ahmed, Bacha, Kadyr, Ivan, Jana und Dmitrij sitzen im Park im Gras. Sie nehmen Brötchen, Bier und Cola aus den Rucksack.

Ivan *(lächelt)*:
„Wir haben was zum Essen und zum Trinken... Ist das Leben nicht schön?"
Kadyr *(wie immer böse)*:
„Dein Leben ist immer schön! Ivanuschka, der Narr!"
Ahmed:
„Hör' auf, Muha! Immer bist du böse. Ich genieße auch den Tag. Endlich scheint die Sonne. Wie bei uns Zuhause."
Kadyr (noch düsterer):
„Es gibt bei uns kein Zuhause ... mehr. Verstehst Du das nicht?"

Alle verstummen.
Jana nimmt Servietten aus der Handtasche und gibt jedem eine.

Jana:
„So ist es besser."

Dmitrij steckt sich die Serviette hinter den Kragen. Alle lachen.
Jana und Bacha sitzen etwas entfernt von den anderen, führen ihr eigenes Gespräch.

Bacha *(zu Jana)*:
„Ich sehe, du bist eine gute Hausfrau."
Jana:
„Das hat mir meine Mutter beigebracht."
Bacha:
„Eine gute Ehefrau wirst du abgeben!"
Jana:
„Ich denke noch nicht daran."
Bacha:

„Und woran denkst du?"

Jana:

„Ich muss noch viel lernen. Ich habe noch immer keinen Beruf."

Bacha:

„Wozu brauchst du einen Beruf? Dein Ehemann wird das Geld verdienen. Dein Beruf wäre Hausfrau und Mutter."

Jana:

„Nein, so geht es nicht. Eine Frau muss ihr eigenes Geld haben."

Bacha *(missgünstig)*:

„Also, du willst eine echte Österreicherin werden."

Jana:

„Warum nicht? Gefallen dir die Österreicherinnen nicht?"

Bacha:

„Sie sind keine echten Frauen. Sie haben einen schlechten Einfluss auf unsere Frauen."

Jana:

„Auf die Tschetscheninnen vielleicht? Sie bringen ihnen bei, nicht alles zu tun, was ihnen der Mann sagt *(lacht unbesorgt)*. Mir gefallen die österreichischen Frauen ganz gut. Ich lerne viel von ihnen."

Bacha:

„Was, zum Beispiel?"

Jana:

„Vieles. In zwei Worten kann man das nicht erzählen.

Ivan steht auf und kommt näher zu Jana, er setzt sich zu ihr. Sie wechseln Blicke.

Kadyr *(zu Bacha)*:

„Was denkst du, werden wir irgendwann heimgehen?"

Bacha

„Ich weiß nicht. Ich darf nicht zurückkehren. Und du?"

Kadyr:

„Wir stehen alle auf der Fahndungsliste."

Bacha:

„Nein, nicht alle. Sie, zum Beispiel, steht auf keiner"

Er nickt zu Jana.

Ahmed:
„Erst jetzt verstehe ich, was für ein Glück es ist, dort leben zu dürfen, wo alle deine Sprache sprechen. Dieses verfluchte Deutsch ist so schwierig."
Kadyr:
„Mir steht dieses Österreich schon hier1

Er macht mit der Handkante eine Bewegung über den Hals.

Bacha:
„Für diejenigen, die Familien haben, ist es hier nicht so schlecht. Man hilft den Familien überall. Also, höchste Zeit, zu heiraten."
Kadyr:
„Bist du doch nicht verheiratet?"
Bacha:
„Nein. Ich habe aber einen Sohn."
Kadyr:
„Wo, in Tschetschenien?"
Bacha:
„Nein, er ist auch in Österreich, wir haben uns verloren. Ich weiß nicht, wo er ist."
Kadyr:
„Dann frag nach!"
Bacha:
„Es ist nicht so einfach. Man sagt es mir nicht."
Kadyr:
„Wieso? Er ist doch dein Sohn! Eine Familie…"
Bacha:
„Ja. Es gibt aber in diesem beschissenen Österreich so etwas wie ein Datenschutzgesetz. Wenn dein Sohn schon achtzehn

Jahre alt ist, muss man erst ihn fragen, ob er damit einverstanden ist, gefunden zu werden."

Kadyr:

„Na und? Was ist los?"

Bacha *(versteht, dass er etwas gesagt hat, dass er besser nicht gesagt hätte):*

„Man sucht ihn gerade."

Kadyr:

„Wo hast du früher gelebt?"

Bacha:

„Überall und nirgendwo. Außer in Tschetschenien, obwohl ich Tschetschene bin. In Kasachstan, in Sibirien, in Krasnodar. Meine Frau ist in Krasnodar geboren."

Kadyr:

„Was ist mit deiner Frau?"

Bacha *(sich abwendend):*

„Sie ist verschollen. Ich weiß nicht, wo sie ist."

Kadyr:

„Sie ist also auch verloren gegangen?"

Bacha *(gereizt):*

„Ich hab doch gesagt, ich weiß es nicht!"

Dmitrij *(laut):*

„Mir wurde gesagt, dass in meiner Sache bald entschieden wird."

Ahmed:

„Kriegst du Positiv?"

Dmitrij:

„Ha! Das glaube ich nicht. Positiv kriegen nur die Tschetschenen."

Ahmed *(beleidigt):*

„Nicht alle."

Dmitrij:

„Nichts gegen dich. Oder die anderen Tschetschenen! So ist es aber! Krieg ist Krieg. Ihr wisst aber auch, dass viele Kriminelle sich herzzerreißende Geschichten ausdenken. In Weißrussland gibt es keinen Krieg, allerdings keinen offenen, deshalb glaubt man, dass bei uns alles okay wäre. Man pfeift auf uns…"

Ahmed:

„Auf uns pfeift man auch! Jahrelang leben wir hier. Scheiße! Ohne Arbeit, ohne Rechte... Man sollte doch schneller entscheiden, Ja oder Nein."

Dmitrij:

„Und wenn nein, dann was? Kannst du zurück nach Hause?"

Ahmed:

„Kann ich nicht, aber ich hätte mir etwas anderes ausgedacht."

Ivan:

„Gehen wir heute in die Disko?"

Ahmed:

„Ja. Ich habe ein bisschen Geld."

Bacha:

„Disko, das ist was für die Jungen. Ich habe andere Pläne."

Ivan:

„Wer will noch Bier oder Cola. Ich laufe schnell zum „Billa!"

Dmitrij:

„Nimm für mich eine kleine Dose Bier. Das Geld jetzt, oder später?"

Ivan:

„Später!"

Ivan steht auf und läuft weg.

Die Zurückbleibenden teilen sich in zwei Gruppen. Die Burschen unterhalten sich miteinander. Bacha setzt das Gespräch mit Jana fort.

Bacha:

„Weißt du, du gefällst mir sehr und schon seit langem."

Jana *(verlegen)*:

„Sie dürfen das nicht sagen. Sie wissen, ich habe einen Freund."

Bacha:

„Wirklich? Meinst du Ivan? Magst du ihn?"

Jana:

„Müssen wir unbedingt darüber reden?"

Bacha:

„Ich bin aber besser als er. Ich bin älter. Ich kann mich besser um dich kümmern."

Jana:

„Ja, sie sind älter. Das bedeutet, dass sie sich eine Frau in Ihrem Alter suchen sollten."

Bacha:

„Du bist aber die Richtige für mich!

Jana:

„Was würde Ihre Frau dazu sagen?"

Bacha:

„Ich bin nicht verheiratet. Nicht mehr. Nicht alle Frauen verdienen, Ehefrauen zu sein."

Jana *(lächelt)*:

„Konnte Ihre Frau nicht gut kochen?"

Bacha:

„Schlimmer!"

Jana *(wieder scherzhaft)*:

„Was kann doch schlimmer sein?"

Bacha:

„Sie war mir nicht treu."

Jana *(wird sofort ernst)*:

„Sie haben ihr das verziehen?"

Bacha schaut Jana mit so einem Blick an, dass sie langsam versteht, dass er etwas Furchtbares gemacht hat. Sie bedeckt mit der Hand ihren Mund und flüstert:

Jana:

„Sie haben sie getötet..."

Jana hat richtig geraten. Beide fühlen sich verlegen. Bacha reißt sich aber schnell zusammen.

Bacha:
„Rede keinen Unsinn, dummes Mädchen!"
Jana *(mit gesenktem Blick)*:
„Verzeihen Sie mir bitte, ich weiß nie, wann ich mit meinen Scherzen aufhören muss."
Bacha:
„Ich muss meinen Sohn finden. Er ist achtzehn."
Jana:
„So wie ich..."

Ivan kommt zurück. Er legt Cola und Bier auf den Boden.

Ahmed:
„Willst du kein Bier?"
Ivan:
„Nein. Ich nehme eine Cola!"

Szene 12

Alle gehen weg. Ivan und Jana bleiben alleine. Ivan legt seinen Kopf auf Janas Schoß.

Ivan:
„Welch ein wunderbares Kissen!"
Jana *(verlegen)*:
„Das ist kein Kissen."
Ivan:
„Ich würde gerne hier bis zum Lebensende liegen. Es gibt Tage, wo das Leben wirklich schön ist."
Jana:
„Ja. Heute ist so ein Tag."
Ivan:

„Man will an solchen Tagen auch nicht über die Zukunft nachdenken."

Jana:
„Man muss aber nachdenken. Ich bleibe nicht ewig in Wien. Was machst du, wenn du kein Asyl bekommst?"

Ivan:
„Ich weiß nicht. Ich will eigentlich zurück nach Hause! Ich vermisse meine Mutter."

Jana:
„Wenn du zurückgehst, werden sie dich deine Mutter nicht sehen lassen. Du kommst direkt ins Kittchen."

Ivan:
„Ja, das ist so.

Jana streichelt Ivan über die Haare.

Jana:
„Ich weiß, was wir machen können."

Ivan öffnet die Augen und dreht sein Gesicht zu Jana.

Ivan:
„Also, was für eine Idee hast du in deinem klugen Köpfchen?"

Jana:
„Scherz' nicht, es ist ernst."

Ivan:
„Also, sag schon."

Jana *(verlegen)*:
„Ich weiß aber nicht, wie du dazu stehst."

Ivan:
„Ich werde zu allem gut stehen, was von dir kommt."

Jana:
„Moldawien ist jetzt doch ein anderes Land…"

Ivan:
„Na und…?"

Jana:

„Du kannst zu mir kommen."

Ivan:

„Das bedeutet, … Wie? Glaubst du, dass Moldawien einen russischen Flüchtling nimmt?"

Jana:

„Du kommst als mein Ehemann. Du wirst meinen Familiennamen übernehmen, so wird keiner was erfahren."

Ivan setzt sich.

Ivan:

„Ist das dein Ernst?"

Jana:

„Natürlich ist es mein Ernst!"

Ivan:

„Das bedeutet, du magst mich so sehr?"

Jana:

„Ja, ich mag dich sehr. Du bist für mich der Einzige. Versprich nur, dass du niemals trinken wirst."

Ivan:

„Trinke ich denn? Ab und zu vielleicht eine Dose Bier."

Jana:

„Eine Dose Bier ist nicht so schlimm. Mein Vater war ein Trinker. Er ist am Wodka gestorben. Mein Stiefvater trinkt nicht. Meine Mutter ist mit ihm sehr glücklich."

Ivan:

„Wir werden auch glücklich sein miteinander. Du weißt, ich bin kein Faulenzer, höchstens ein bisschen…(*lacht*)."

Jana (*sehr ernst*):

„Das ist eine Alterserscheinung. In ein paar Jahren wirst du dich schon ganz solide benehmen."

Ivan:

„Bist du sicher?"

Jana:

„Wenn du mich liebst, wirst du das. Und du liebst mich! Ich weiß das. Was wärest du sonst für ein Vorbild für unsere Kinder?"

Ivan:

„Du hast also schon unsere Kinder eingeplant?"

Jana:

„Ja. Man muss in allem Vorausdenken."

Ivan *(kratzt sich den Nacken)*:

„Scheiße... Entschuldige. Das bedeutet, du hast mir gerade einen Heiratsantrag gemacht? Und wenn ich in Österreich bleiben will..."

Jana:

„Dann musst du dich entscheiden: Österreich oder ich."

Ivan *(treuherzig)*:

„Ich entscheide mich für dich! Du sollst wissen, ich bin sehr fleißig und ich kann mit meinen eigenen Händen ein Haus bauen."

Ivan und Jana küssen sich

Szene 12

Ivan und Ahmed, mit weißer Farbe beschmutzt vom Kalk, kehren vom Bau zurück.

Ivan:

„Habe ich doch gesagt, wir sollen uns umziehen. Man kann uns aufhalten in diesem Outfit... Papiere überprüfen und so..."

Ahmed:

„Unsere Papiere sind in Ordnung."

Ivan:

„Man würde sofort sehen, dass wir gearbeitet haben."

Ahmed:

„Na und? Sehen und beweisen sind zwei verschiedene Sachen. Solange man uns nicht auf frischer Tat ertappt..."

Ivan:

„Ja. Aber man würde uns den ganzen Tag am Revier festhalten..."

Ahmed *(ironisch)*:

„Du hast aber keine Zeit! Du bist sehr beschäftigt... Gut, nehmen wir eine kleine Gasse, da wird uns keiner begegnen."

Ivan:

„Es kommt wieder der Herbst. Wieder ist ein Jahr vorbei. Wir sind aber nicht allein in dieser Lage."

Ahmed:

„Mich interessieren die anderem nicht. Ich will endlich normal leben! Ich will lernen. Ich will auch heiraten."

Ivan *(erstaunt)*:

„Und die Braut? Hast Du schon eine Braut?"

Ahmed:

„Du weißt doch. meine Braut lebt in Novosibirsk..."

Ivan:

„Auch so..."

Ahmed:

„Solange ein Mann nicht verheiratet ist, ist er noch kein Mann bei den Tschetschenen, sondern immer noch ein Junge..."

Ivan:

„Bei uns hat ein verheirateter Mann auch mehr Gewicht, man spricht nur nicht davon..."

Ahmed *(neidisch)*:

„Wirst Du Jana heiraten?

Ivan:

„Ich weiß noch nicht. Das heißt, ich würde sie auf der Stelle heiraten, aber... Ich mag Jana sehr, weißt du, aber..."

Ahmed:

„Was ist aber? Habt ihr euch vielleicht gestritten?"

Ivan:

„Nein, nicht doch. Es geht um etwas anderes. Eine Frau soll zu ihrem Ehemann ziehen und nicht umgekehrt."

Ahmed *(lacht)*:

„Das ist bei euch Russen nicht egal?"

Ivan *(stolz)*:

„Bei Stadtleuten vielleicht, ich komme aber aus einem Dorf…"

Ahmed:

„Ich versteh dich ja, aber wäre der nicht falsche Stolz? Es ist alles gut. Es ist ein Glück, dass ihr so eine Lösung gefunden habt."

Ivan:

„Ich will aber eben nicht einen geliebten Menschen zu einer Ersatzlösung machen."

Ahmed *(ironisch)*:

„Aber moldauisch lernst du schon für alle Fälle?"

Ivan:

„Nein, nicht wirklich. Ich habe nur ein paar Worte gelernt. Um Jana eine Freude zu machen. Ich habe kein Talent für Sprachen, ich bin doch ein Handwerker… Nicht so wie du…"

Ahmed:

„Ich habe auch keinen. Ich bin aber hartnäckig. Wenn ich etwas will, dann mache ich das…"

Ivan:

„Weißt du, naja, ich fühle mich in letzte Zeit irgendwie unruhig. Zum ersten Mal im Leben. Nicht einmal in Tschetschenien hätte ich eine solche Unruhe. Es ist, als ob ich eine schlechte Vorahnung hätte…"

Ahmed:

„Überlass die bösen Vorahnungen den alten Weibern! Das sind noch nur deine Fantasien. Vielleicht kriegen wir beide einen positiven Bescheid?"

Ivan:

„Ich sicher nicht. Wer würde schon einem Russen den positiven Bescheid geben? Grundsätzlich?"

Ahmed und Ivan bleiben noch kurz vor dem Wohnheim stehen, dann verschwinden beide hinter der Tür.

Szene 13

Das Zimmer im Wohnheim. Ivan, Ahmed und Dmitrij sitzen am Tisch. Auf dem Tisch steht eine Dose Bier, eine Flasche Wodka und etwas zum Essen.

Dmitrij:
„Also, noch ein Gläschen?!"
Ivan:
„Nein, mir reicht ein Bier."
Dmitrij:
„Ich sehe, dass du kein Russe bist. Du trinkst ja nicht!"
Ivan:
„Wieso? Ich trinke doch!"
Dmitrij:
„Ihr zwei seid große Langweiler!
Ivan:
„Ich langweile mich nicht."
Ahmed:
„Du siehst doch, er will nicht. Lass ihn in Ruhe."
Dmitrij:
„Okay, bleibt für mich umso mehr."

Dmitrij schließt die Flasche mit Wodka und will sie in den Schrank räumen.
Bacha kommt. Es ist offensichtlich, dass er schon betrunken ist.

Bacha:
„Gib her die Flasche! Wo sind die Gläser? Scheiße!"
Dmitrij:
„Wo hast du solche Wörter gelernt? Sagen so was die Tschetschenen auch?"
Bacha:

„Meine Sache!"
Dmitrij:
„Ich verstehe…"

Bacha setzt sich zum Tisch, gießt etwas Wodka ins Glas und trinkt es in einem Zug aus.
Ivan steht auf, setzt sich auf das Bett und beginnt Gitarre zu spielen.

Bacha:
„Wo hast du die Gitarre her?"
Ahmed:
„Er kriegt immer irgendwelche Geschenke! Er kann jetzt das ganze Orchester versorgen. Diese Österreicher, wenn sie nur hören, dass er spielen kann, schenken sie ihm sofort etwas."
Bacha *(ironisch und feindlich)*:
„Ja. Pavarotti!"
Ahmed:
„Lass das! Was hat er dir getan?"
Bacha:
„Was er getan hat? Das hat er getan! Sie sind alle … Wieso bist du mit einem Russen befreundet?"
Ahmed *(versöhnlich)*:
„Lass das, Bacha! Der Krieg ist vorbei!"
Bacha:
„Nein, mein Krieg ist noch lange nicht vorbei. Wird niemals vorbei sein!"

Ivan *(beachtet das Gespräch nicht. Er spielt weiter. Dann stimmt er das Lied vom Wysozkij an. Er ändert einige Worte)*:

> Мерцал закат, как блеск клинка.
> Свою добычу смерть считала.
> Бой будет завтра, а пока
> Взвод зарывался в облака
> И уходил по перевалу.
> Отставить разговоры

Вперед и вверх, а там…
Ведь это наши горы, Они помогут нам!
А до войны вот этот склон
Чеченский парень брал с тобою!
Он падал вниз, но был спасен,
А вот сейчас, быть может, он
Свой автомат готовит к бою.
Отставить разговоры …[7]

Alle schweigen.
Bacha lehrt den Reste aus der Wodkaflasche ins Glas, trinkt aus,
dann geht er hinaus und knallt die Tür hinter sich zu.

Ivan:
„Was hat er denn?"

Keiner antwortet ihm. Ivan schaut auf die Tür, als ob sie ihm eine
Antwort geben könnte.
Das Licht verblasst und erlischt dann ganz.

Szene 14

Nachmittagszeit im Erholungsraum. Auf den Tischen stehen
Thermoskannen mit Kaffee und Teller mit Kuchenresten.
Schagane und Anusch sitzen auf dem Sofa. Sie halten ihre Teller
in Händen und essen.

Anusch:
„Es ist schon vertrocknet."
Schagane:

---

[7] Übersetzung: Es flimmert der Sonnenuntergang wie der Glanz einer Klinge.
Der Tod zählt seine Beute. Der Kampf kommt morgen, jetzt aber geht die Truppe
den Weg nach oben bis zu den Wolken, über den Pass. Seid still! Vorwärts und
nach oben! Das sind unsere Berge, sie werden uns helfen! Vor dem Krieg ist **ein**
tschetschenischer Bursche mit dir über diesen Fels gegangen. Er ist abgestürzt,
und du hast ihn gerettet. Kann sein, dass jetzt er sein Gewehr für den Kampf
bereit macht.

„Ja. Ich vermisse das Hausgemachte."

Anusch:

„In anderen Pensionen gibt es Küchen. Man bekommt dort keine fertigen Gerichte, sonst man kriegt Geld und kauft sich selber was man will!"

Schagane:

„Ich weiß. Ich habe darum gebeten, in so eine Pension zu kommen. Man hat mir gesagt, von solchen Häuser gibt es zu wenig, die Plätze dort kriegen nur Familien." (*Verstummt, sieht lange aus dem Fenster, dann seufzt sie):* „Was macht wohl jetzt mein Töchterchen? Wann sehe ich sie endlich wieder! Mein Richter ist so langsam, die beeilen sich nicht, diese Österreicher sind überhaupt viel zu langsam."

Anusch:

„Ja, ich habe es auch bemerkt, es liegt ihnen im Blut."

Schagane:

„Du hast einen schönen Namen!"

Anusch:

„Ja, aber was hilft das?"

Schagane:

„Was soll es helfen?"

Anusch:

„Ich weiß es nicht. Es ist nur so … Und was ist mit deinem Mann? Hast du ihn gefunden?"

Schagane:

„Ich weiß nicht, wo er ist. Er würde auch glauben, dass ich in Wien bin. Ich habe nur eine Freundin angerufen. Wenn sie ihn sieht, wird sie es ihm sagen … Er lebt wahrscheinlich wieder bei seiner Mutter."

Anusch:

„Und warum bist du ausgerechnet nach Österreich gekommen? Warum wolltest du nicht deinen Mann suchen?"

Schagane:

„Ach, es ist so eine Geschichte…"

Anusch:

„Ich habe Zeit. Aber wenn du nicht willst, erzähle nicht!"

Schagane:
„Warum? Ich kann erzählen. Nachdem wir uns verfehlt hatten, wurde mir so schlecht, dass ich nicht weiter konnte. Vom Kummer wurde ich ganz krank. Ich wohnte damals bei einer Bekannten. Sie wollte mich schon los haben. Wenn man als Gast zu lange bleibt, ist man bald unerwünscht. Also, sie hat mich fast mit Gewalt zum Arzt gebracht. Sie hoffte, dass der Arzt mir sagen würde, dass ich gesund sei. Sie hat sogar selbst den Arzt bezahlt. Oder hatte sie vielleicht eine Ahnung? Also … Man hat bei mir Krebs diagnostiziert…"

Anusch schaut die Freundin mit großen Augen an.

Anusch:
„Warum erzählst du mir es erst jetzt?"
Schagane:
„Ich weiß es nicht. Wollte erzählen, aber irgendwie … Ich habe Angst, darüber zu reden. Diese meine Bekannte … Sie ist so kämpferisch, aber zuerst war sie wie gelähmt … Ich hatte weder Geld, noch eine Anmeldung oder Krankenversicherung. Man hätte mich im Spital gar nicht aufgenommen. Ja, ich weiß nicht, ob sie aus Herzensgüte gehandelt hat oder mich einfach so schnell wie möglich loswerden wollte, aber macht das einen Unterschied? Also, sie ging zur armenischen Kirche, man hat da ein bisschen Geld zusammengelegt und mich ins Ausland geschickt. Man hat mir gesagt, man würde mich nicht im Stich lassen. Meine Bekannte hat mich in einen Bus gesetzt, der nach Polen fuhr, und von Polen weiter nach Österreich."
Anusch:
„Und? Hattest du wirklich Krebs?"
Schagane:

„Ja, so war es. Kaum war ich in Österreich … also, eine Woche später lag ich schon auf dem Operationstisch. Rechtzeitig! Jetzt muss ich nur regelmäßig zur Kontrolle gehen."

Beide Frauen seufzen.
Sie stellen Teller auf den Tisch.

Anusch:
„Diesen Kaffee will ich nicht trinken, es ist ein Gesöff. Gestern habe ich am Flohmarkt einen richtigen Kaffeekocher gekauft. Genauso einen wie bei uns in Armenien. Komm zu mir ins Zimmer! Wir werden jetzt echten Kaffee trinken!"

Szene 15

Das gleiche Zimmer.
Der Tisch ist sauber.
Dmitrij hört Musik über die Kopfhörer. Ivan repariert das Akkordeon. Ahmed liest aus dem Deutsch-Lehrbuch.
Klopfen an der Tür.

Ivan:
„Bitte!"

Wieder das Klopfen.

Ivan:
„Herein."

Das Klopfen wiederholt sich. Ivan steht auf und öffnet die Tür. Jemand streckt seine Hand herein und Ivan verschwindet. Die Anwesenden wechseln Blicke. Nach einer Minute kehrt Ivan zurück. Er ist blass und zittert.

Die Tür bleibt offen.

Ahmed:
„Was ist passiert?"

Ivan schweigt.

Dmitrij:
„Ja, sag endlich, was ist passiert?"
Ivan *(mit erschütternder Stimme)*:
„Ich kann nicht... Sie soll erzählen..."

Langsam und schüchtern kommt Ludmila herein.

Ivan:
„Ludmila ist ihre Freundin. Ljuda, erzähle du!"
Lyudmila:
„Jana wurde überfallen und ausgeraubt."
Dmitrij:
„Wie? Von wem?"
Lyudmila:
„In unserem Zimmer. Sie war allein..."
Ahmed:
„Das bedeutet, dass es ein Bekannte war…
Lyudmila:
„Ja!"
Ahmed:
„Wer war das?"
Lyudmila:
„Jana hat mir verboten, es zu sagen. Zwingen Sie mich bitte nicht! Ich werde nichts sagen. Er hat gedroht, dass er sie töten wird, wenn sie redet."
Dmitrij:
„Aber uns kannst du es doch sagen?"
Lyudmila:

„Gerade euch darf ich es nicht sagen. Das ist aber nicht alles."

Dmitrij:

„Was noch?"

Lyudmila:

„Er hat sie so verprügelt, dass sie ins Krankenhaus eingeliefert wurde. Sie hat einen Schlüsselbeinbruch und eine Gehirnerschütterung. Das ist aber auch noch nicht alles."

Ahmed (*man sieht, dass er schon versteht, worum es geht*)**:**

„Und was, was noch?

Lyudmila:

„Also, ihr wisst schon."

Dmitrij:

„Das… Sag schon!"

Lyudmila:

„Also… Was kann ein Mann mit einer Frau machen? (*Weint*). Und sie war doch noch unberührt. Sie war Jungfrau. Sie hat sich aufgehoben. Sie sagte, dass sie unbedingt als Unbefleckte heiraten will. Dass sie mit Recht ein weißes Kleid anziehen will…"

Ivan:

„Sag, wer war das! Ich werde ihn töten!"

Lyudmila:

„Nein. Gerade deshalb sage ich nichts mehr!

Ludmila läuft weg.
Alle schweigen.
Dmitrij öffnet eine Dose Bier. Es hört sich in dieser Stille an wie ein Schuss.

Dmitrij:

„Ivan, trink das! Das wir dich beruhigen…"

Ivan stößt seine Hand weg. Die Dose fliegt an die Wand.

Ivan wirft sich auf das Bett. Aus seiner Brust kommen Laute, wie die eines tödlich getroffenen Tieres.

Szene 16

Später Herbst. Trübes Wetter. Vereinzelte Schneeflocken. Der Park. Die Bank. Auf der Bank sitzen frierend Ivan und Lyudmila.

Lyudmila:
„Wie könne ich dich trösten?"

Ivan seufzt kummervoll.

Lyudmila:
„Du liebst sie so sehr!"
Ivan:
„Ich liebe sie. Ich werde sie immer lieben. Ein Mädchen wie sie findet man nicht mehr."
Lyudmila:
„Ja, das ist wahr. Sie war etwas Besonderes."
Ivan:
„Sie **ist** etwas Besonderes! Warum sollte sie mich nichtmehr sehen wollen? Ich verstehe doch alles! Ich hätte ihr das niemals vorgeworfen, es ist doch nicht ihre Schuld."
Lyudmila:
„Sie kann das sich selbst nicht verzeihen. Verstehst du, er hat sie gebrochen. Alle ihre Lebenspläne. Die, sie so sorgfältig geschmiedet hat! Ihr Leben … das Geld ist natürlich wichtig, das kann man aber neu verdienen. Er hat ihre Seele getötet. Eine neue Seele kann man nicht kaufen."
Ivan:
„Nein, er hat ihre Seele nicht getötet. Nur verletzt… Das kann man heilen…"
Lyudmila:
„Viel zu schmerzhaft ist die Verletzung. Verstehst du, sie wollte, dass man sie respektiert. Du weißt, sie hat viel

gelitten. Als ihr Vater getrunken hat. Jedes Mädchen träumt von einem Vater, auf den man stolz sein kann. Deshalb arbeitete sie wie ein Ochse. Sie wollte, dass ihre Familie ein würdiges Leben hat. Du weißt, wir alle haben gehungert als das Land auseinander fiel. Hunger ist auch eine große Erniedrigung."

Lyudmila sagt das mit Tränen in der Stimme.

Ivan:
„Ich werde sie immer respektieren."
Lyudmila:
„Ich kenne dich, Wanja. Und weiß, dass du ein guter Mensch bist. Sie hat mir das auch gesagt. Sie hat sich aber so entschieden, weil es besser für euch beide ist. Hierher kommt sie nie wieder. Sie wollte sich sogar das Leben nehmen, so schrecklich war es ihr. Ich verbrachte alle Nächte bei ihr im Krankenhaus, ich hatte Angst, sie alleine zu lassen. Vom Krankenhaus fuhr sie direkt zum Bahnhof. Ich habe ihr ihre Sachen zum Bahnhof gebracht."
Ivan:
„Hast du ihre Telefonnummer und Adresse?"
Lyudmila *(sich abwendend)*:
„Nein, habe ich nicht."
Ivan:
„Ich werde sie schon finden."
Lyudmila:
„Irgendwann wird alles wieder gut. Jetzt aber… Es ist zu früh…"
Ivan:
„Sag mir endlich, wer hat das gemacht?!"
Lyudmila:
„Verzeih, Wanja, ich werde es dir nie sagen. Ich habe es Jana beim Kreuz geschworen. Sie hat Angst um dich. Du wirst dich rächen wollen und zerstörst dein ganzes Leben."
Ivan:

„Ich werde es doch herausfinden."

Lyudmila schweigt.

Szene 17

Ivan sitzt allein im Zimmer unrasiert.
Er hält ein Glas in der Hand. Auf dem Tisch steht eine Flasche
Wodka. Sie ist halbleer.
Es kommt Dmitrij.

Dmitrij:
„Trinkst du? Am heiligsten Tag!"
Ivan *(unfreundlich)*:
„Das geht dich nichts an!"
Dmitrij:
„Reiß dich endlich zusammen! Gott sei Dank, dass sie am Leben geblieben ist. Mit der Zeit wird sie alles vergessen. Alle Wunden heilen irgendwann."
Ivan:
„Bei manchen heilen sie und bei anderen nicht."
Dmitrij:
„Weißt du schon, wer das war?"
Ivan:
„Ich denke schon. Aber ich muss ganz sicher sein. Wenn er es ist, töte ich ihn wie einen tollwütigen Hund. Im Krieg habe ich keinen getötet, aber jetzt mache ich das."
Dmitrij:
„Aus dir spricht der Zorn."
Ivan:
„Wärst du nicht zornig, wenn so etwas deinem Mädchen passiert?"
Dmitrij:
„Ich weiß nicht. Ich glaube an Gott. Gott erlaubt keine Rache. Das ist alleine Gottes Sache. Er wird ihn selber bestrafen."

Ivan:
„Dir ist so etwas nie passiert, sonst würdest du nicht so reden."
Dmitrij:
„Ich will dich nicht belehren. Denk daran, dass sie dir nicht zufällig seinen Namen verheimlicht. Weil sie nicht will, dass du dein Leben zerstörst."
Ivan:
„Und wenn das niemand wissen würde?"
Dmitrij:
„Trotzdem. Du wirst deine unsterbliche Seele für immer vergiften. Jetzt spürst du Zorn und denkst an Rache. Wenn der Zorn verraucht ist, bleibst du allein mit deiner Seele."

Die Tür öffnet sich mit Lärm. Auf der Schwelle erscheint Ahmed. Er schließt schnell die Tür hinter sich und beginnt sich auszuziehen. Ivan nimmt seinen Rollkragenpullover. Darauf sieht man Blutflecke.

Ivan:
„Bist du verwundet?"

Ahmed schweigt. Er zieht den Trainingsanzug an, nimmt ein Handtuch und verschwindet hinter der Tür.

Ivan *(verwirrt):*
„Er will sich duschen…"

Ivan und Dmitrij schauen einander schweigend an. Anscheinend beginnen sie verstehen, was passiert ist.
Dmitrij nimmt aus dem Schrank einen Plastikbeutel und streckt die Hand aus. Ivan nimmt das Paket und beginnt Ahmeds Kleidungsstücke einzupacken.
Ahmed kommt mit nassen Haaren zurück. Das Paket mit seinen Sachen steht bei der Tür.
Ivan und Dmitrij schauen Ahmed an. Sie warten.
Ahmed legt sich auf das Bett und schaut an die Decke.

Er beginnt zu erzählen. Seine Stimme ist leise, monoton, ausdruckslos.

Ahmed:

„Ivan, ich weiß, dass du auch eine Ahnung hattest, wer das gemacht hat. Ich auch. Scheiße! Es war Bacha. Ich wollte ihn nicht töten, ich wollte es nur genau wissen. Um dich zu beschützen. Ich habe ihn einfach gefragt, ich musste es wissen. Ich wollte nicht, dass du ihn tötest. Er hätte mir nicht leid getan, aber du. Er war mir scheißegal! Ich wollte, dass wir beide wo anders hingehen, dass wir nach Salzburg oder nach Innsbruck ziehen. So wäre es leichter aufzuhören, immer nur daran zu denken.

Also habe ich ihn einfach gefragt. Er hat mich sofort angegriffen. Zuerst hat er nur geschimpft. Über mich, über dich, über sie. „Russische Dirne", „Hure" und so weiter. Da habe ich ihm eine verpasst. Auf den Kiefer. Er ist zwei Schritte nach hinten gegangen und hat ein Messer aus der Tasche gezogen. Mit dem Messer ist er auf mich losgegangen. Wir haben gekämpft.

Im Park war keine Menschenseele, das Wetter ist scheußlich. Es hat geregnet. Ich weiß nicht, wie es dazu gekommen ist. Vor Angst war ich wie betrunken. Ich bin erst wieder zur Besinnung gekommen, als ich das Blut gesehen habe. Bacha hat sich nicht mehr gerührt und seine Augen waren offen. Was sollte ich tun? Ich ging einfach weg. Unterwegs habe ich bemerkt, dass ich immer noch das Messer in der Hand habe. Dann habe ich es in den Kanal geworfen. Sag, was sollte ich tun? Entweder er oder ich... *(Es tritt Schweigen ein).*

Ich habe im Krieg getötet. Ich denke, dass ich getötet habe, ich habe nicht in die Luft geschossen. Ich habe aber nie gesehen, wie derjenige stirbt, den ich getötet habe."

Ivan setzt sich neben dem Ahmed auf das Bett.

Ivan:

„Du durftest das nicht tun. Das war allein meine Sache. Es geht nur mich etwas an."

Ahmed:

„Ich weiß. Ich wollte ihn aber nicht töten. Ich wollte nur fragen. Ich und du, wir sind doch Freunde, das heißt, es geht mich auch etwas an. Nein, ich wollte es nicht tun. Ich wollte nur, dass er gesteht..."

Ivan steht auf, zieht seine Jacke an und nimmt das Paket in die Hand.

Ivan:

„Wo ist das Messer?"

Ahmed:

„Ich habe doch gesagt, ich hab es in den Kanal geworfen."

Dmitrij *(zu Ivan)*:

„Wohin gehst du?"

Ivan:

„Zur Donau."

Ivan geht hinaus.

Ahmed *(gleichgültig)*:

„Was wirst du jetzt machen? Willst du zu Polizei gehen? Mir ist das egal. Ich will nur wissen, worauf ich mich gefasst machen muss..."

Dmitrij:

„Ich bin kein Richter. Gott allein wird über euch urteilen. Und überhaupt, ich habe gar nichts gehört. Ich weiß ja gar nichts! Verstanden? Mir reicht mein eigener Kram."

Es ist wieder Frühling. Ahmed und Ivan sitzen auf der Bank im Park und essen Hot-Dogs.

Ahmed:
„Vom staatlichen Essen ist mein Magen schon ganz verdorben."
Ivan:
„Ist ein Hot-Dog doch besser?"
Ahmed:
„Natürlich nicht. Hast du die Telefonnummer von Jana herausgefunden?"
Ivan *(hört auf zu kauen):*
„Habe ich."
Ahmed:
„Wirst du sie anrufen?"
Ivan:
„Hab's schon getan."
Ahmed:
„Also, hast du mit ihr geredet?"
Ivan:
„Ja, haben wir geredet."
Ahmed:
„Und?"
Ivan:
„Nichts. Sie sagte, ich soll sie nie wieder anrufen. Sie will alles vergessen. Ich verstehe, dass alles ihr viel zu furchtbar ist. Wie kann ich sie überreden?"
Ahmed:
„Ich verstehe das auch. Beschämend. Wäre sie eine Tschetschenin, hätte sie sich schon längst das Leben genommen. Dort, bei ihr zu Hause weiß aber keiner davon, so soll es auch bleiben."
Ivan:

„Ja, sie schämt sich für sich selbst und vor sich selbst kann man nicht weglaufen."

Ahmed:

„Vielleicht ist das nicht so schlecht, dass sie nach Hause gefahren ist. Dort wird sie schneller alles vergessen können."

Ivan:

„Sowas kann man nie vergessen. Ich dachte mir, wenn dieses Schwein tot ist, würde es mir besser gehen. Es geht mir aber nicht besser."

Ahmed:

„Hast du Jana gesagt, dass er nicht mehr lebt?"

Ivan:

„Habe ich."

Ahmed:

„Und? Was hat sie gesagt?"

Ivan:

„Sie sagte, es sei ihr egal."

Ahmed:

„Hat sie nicht gefragt, wie er gestorben ist?"

Ivan:

„Nein, hat sie nicht. (*Schaut Ahmed in die Augen*). Ich hab nämlich auch keine Ahnung. Und die Polizei weiß auch nichts."

Ahmed:

„Was wenn sie das doch herausfinden?"

Ivan:

„Werden sie nicht. Wir sind Asylweber, man kümmert sich um uns einen Dreck. Wir sind Fremde. Wir sind ein eigener Staat mit unseren eigenen Richtern und Henkern. Du weißt das selbst. Man hilft uns nur bedingt, in Wirklichkeit haben wir keinen Platz in ihrer Gesellschaft. Wir bleiben für immer beim Dienstboteneingang. Du kannst dein Deutsch meistern wie du willst, ein richtiger Österreicher wirst du nie!"

Ahmed:

„Was glaubst du, würde Dmitrij mich verraten?"

Ivan:

„Nein, er macht das sicher nicht. Nicht weil er an Gott glaubt, sondern weil er weitere Unannehmlichkeiten vermeiden will. Er hat vor, seine Kariere als Menschenrechtler weiter aufzubauen, also so eine Verwicklung würde ihm nicht in den Kram passen. Er würde wahrscheinlich sofort abgeschoben. Er könnte aber auch in den Knast kommen, weil er das nicht sofort gemeldet hat. Du weiß schon, er hat Glück gehabt! Er hat schon ein kleines Asyl bekommen."

Ahmed:

„Ja, „ein kleines Asyl". Das ist natürlich besser, als gar nichts. In einem Jahr bekommt er eine Arbeitsbewilligung."

Ivan:

„Dmitrij weiß genau, was er tut."

Ahmed:

„Ja. Es gibt aber einen höheren Richter…"

Ivan:

„Ich weiß … Und das ist meine Schuld. Dein Gewissen… Das war meine Sache, ich hätte das tun sollen."

Ahmed:

„Ich wollte das auch nicht tun, es war nicht meine Absicht."

Ivan:

„Was glaubst du, wird sein Sohn sich rächen wollen? Er sucht wahrscheinlich schon nach dem Mörder…"

Ahmed:

„Nein, er sucht nicht. Sein Sohn wollte mit dem Vater nichts zu tun haben."

Ivan:

„Warum?"

Ahmed:

„Seine Mutter war eine Russin."

Ivan

„Na und?"

Ahmed:

„Bacha hat seine Mutter getötet. Sie wollte ihn verlassen. Der Sohn war damals fünfzehn. Bacha nahm seinen Sohn mit und flüchtete mit ihm. Der Sohn hat selbst Angst vor dem Vater."

Ivan:

„Woher weißt du das alles?"

Ahmed:

„Wir Tschetschenen haben unseren eigenen „Rundfunk"… Wir sind ein kleines Volk, bei uns kann man kaum was verheimlichen…"

Ivan:

„Gerüchte, Gerüchte…"

Szene 19

Das Zimmer im Wohnheim. Ahmed und Ivan sitzen am Tisch und lesen im Deutschbuch.
Ahmed liest laut und Ivan wiederholt.

Ahmed:

„Was machen Sie heute Abend? Wollen Sie ins Kino gehen? „Ja, gerne."

Ivan:

„Was machen Sie heute Abend? Wollen Sie ins Kino gehen? „Ja, gerne. Du kannst das schon sehr gut."

Ahmed:

„Ich würde gerne auf die Uni gehen. Ich und Mila haben abgemacht, dass wir zusammen auf dieselbe Uni gehen."

Ivan:

„Rufst du sie an?"

Ahmed:

„Manchmal. Aus der Telefonzelle. Sie nennt mich Anton. Für den Fall, dass ihr Telefon abgehört wird."

Ivan:

„Wartet sie auf dich?"

Ahmed:
„Ich hoffe…"
Ivan:
„Was würdest du gerne studieren?"
Ahmed:
„Ich weiß nicht. Ich und Mila wollten Pädagogik studieren, jetzt aber denke ich mir, dass Jura nicht schlecht wäre…"
Ivan:
„Warum?"
Ahmed:
„Die Gesetze sind doch sehr wichtig…"
Ivan:
„Ja … Die Gesetze…"
Ahmed:
„Was willst du später machen? Du hast nie darüber gesprochen."
Ivan:
„Ich weiß nicht, mich interessiert die Musik. Nein, natürlich, nicht spielen. Dafür bin ich schon zu alt. Ich würde gerne lernen, wie man Musikinstrumente baut. Akkordeon, zum Beispiel. Ich mag handwerkliche Arbeit."
Ahmed:
„Ja, wir hätten schon längst etwas lernen oder arbeiten können, stattdessen sitzen wir da wie irgendwelche Nichtsnutze."

Ein Klopfen an der Türe

Die Stimme hinter der Tür:
„Die Post!"

Ivan geht zur Tür und kommt mit zwei großen blauen Briefumschlägen in der Hand zurück.

Ivan *(aufgeregt)*:
„Vom Asylamt."

Ivan und Ahmed öffnen die Briefumschläge. Ihre Hände zittern. Ivan steht mit dem Rücken zum Publikum.
Langsam wird das Gesicht Ahmeds mit Freude erfüllt. Er springt auf.

Ahmed:
„Hurra! Ich habe einen positiven Bescheid!"

Ivan sieht verloren aus. Seine Hände hängen willenlos am Körper herab, der Brief und der Briefumschlag liegen auf dem Fußboden. Ahmed versteht sofort alles. Die Worte bleiben ihm im Hals stecken. Er legt seinem Freund den Arm um die Schulter.

Szene 20

Bahnhof. Ivan kommt mit einem Rucksack in Begleitung eines Polizisten. Beide bleiben neben dem Waggon stehen.

Ivan:
„Darf ich vielleicht eine letzte Zigarette...?"
Polizist *(gutmütig lächelnd):*
„Ja. Klar."

Ivan greift mit beiden Händen seine Taschen ab, er hat aber keine Zigaretten, da er gar nicht mehr raucht. Der Polizist gibt ihm eine Zigarette und streckt ihm sein Feuerzeug hin. Dann zündet er sich selber eine Zigarette an.
Ivan hustet. Der Polizist schaut ihn mit ironischem Lächeln an.
Ahmed kommt. Ihm folgt auch Kadyr. Ahmed hat ebenfalls einen Rucksack.

Ahmed:
„Uff! Ich, dachte schon, ich komme zu spät. Ich wusste nicht, in welchen Zug sie dich stecken werden."
Ivan:
„Wollet ihr euch von mir verabschieden?"

Ahmed *(lachend):*
„Ich nicht!"

Ivan versteht nicht.
Kadyr zündet sich eine Zigarette an und beginnt auch zu rauchen.

Ahmed:
„Gibst du mir auch eine?"
Kadyr:
„Du rauchst ja gar nicht."
Ahmed:
„Jetzt schon!"

Kadyr *(zu Ivan):*
„Rate wenigsten du diesem Dummkopf ab!"
Ivan:
„Was solle ich ihm abraten?"

Kadyr:
„Er will mir dir zurück nach Russland!"
Ivan:
„Red' keinen Blödsinn! Ihr habt beide positiven Bescheid. Bleib da! Wenigstes bis bessere Zeiten kommen…"
Ahmed:
„Und du? Du weißt doch, was auf dich zukommt."
Ivan:
„Ja. Das Gefängnis. Macht nichts! Du weißt schon, ich bin doch der Ivanuschka, der Narr, ich habe immer Glück!"
Ahmed *(ironisch):*
„Ja, ich weiß das sehr gut."
Kadyr:
„Ihr beide dürft nicht zurück!"
Ivan *(zu Ahmed):*
„Ich werde schon irgendwie herauskommen. Ich denke sogar, dass es nicht so schlecht ist. Wenn ich das abgesessen hab, bin ich ein freier Mann."

Ahmed:

„Wir sind verdammt nochmal zusammen hier angekommen! Zusammen fahren wir auch zurück! Verstanden?"

Ivan:

„Tu das nicht! Für dich wird es noch schlimmer wie für mich."

Ahmed:

„Macht nichts, wir werden uns unterwegs etwas einfallen lassen."

Ivan (meint mit Blick auf den Polizisten):

„Wird der uns das erlauben?"

Ahmed:

„Wir werden sehen! Also, Muha! Leb' wohl! Vielleicht sehen wir uns noch."

Kadyr (*umarmt Ahmed*):

„Leb' wohl, mein dummer Freund! Alles ist Allahs Wille"

Ivan (*reicht Kadyr die Hand*):

„Leb' wohl. Verzeih, wenn was nicht richtig war... „

Kadyr (*zögerlich*):

„Du verzeih mir auch. Du verstehst schon. Der Krieg… Wir sind alle…"

Ivan:

„Ich verstehe. (*Wendet sich zu Ahmed*). Vielleich überlegst du es dir doch?"

Ahmed antwortet nicht.

Polizist (*in gebrochenem Russisch*):

„Karascho, Saditesj v vagon. Also, es ist Zeit!"

Der Polizist schaut sich um, da er keinen Mülleimer sieht, nimmt er ein Papiertaschentuch aus der Tasche, wickelt seine Kippe und die von Ivan damit ein und nimmt es mit.
Der Polizist lässt Ivan vorausgehen und versperrt mit seinem Rücken Ahmed den Weg.

Ahmed *(klopft dem Polizisten mit dem Finger auf den Rücken):*
„Ich komme auch mit!"
Ivan *(schreit):*
„Nein! Lassen Sie ihn nicht rein!"
Polizist *(widerwillig):*
„Tja, das geht mich nichts an. Ich bin verantwortlich nur für diesen Ivan."
Ahmed *(den Polizisten nachahmend):*
„Karascho! Es geht mich was an. Ich bin verantwortlich nur für diesen Ahmed. *(Sucht etwas in der Tasche).* Eine Fahrkarte hab ich schon…"

Der Polizist stößt Ivan leicht in den Rücken und steigt selber in den Waggon.
Ahmed schmeißt seine Kippe auf den Boden, umarmt Kadyr, wirft einen langen Blick auf alles rundum, als ob er sich von Wien verabschieden wolle.
Ahmed springt in den Waggon.
Die Tür schließt sich sofort automatisch hinter seinem Rücken.

Ende

MEINE NOTIZEN